Acolhendo sua criança interior

CADERNO DE ATIVIDADES

STEFANIE STAHL

Acolhendo sua criança interior

CADERNO DE ATIVIDADES

Exercícios e reflexões para compreender seus sentimentos e se fortalecer

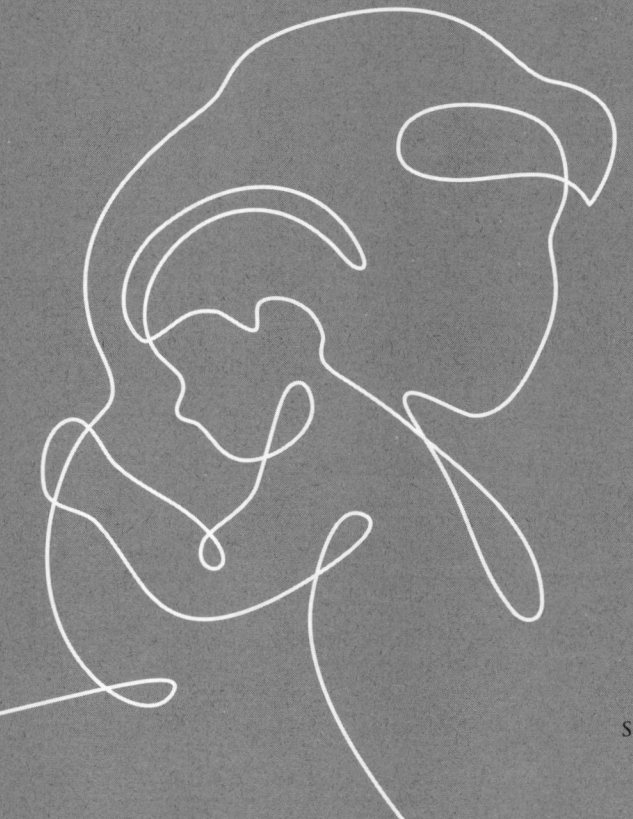

Título original: *Das Kind in dir muss Heimat finden: In drei Schritten zum starken Ich – Das Arbeitsbuch*

Copyright © 2017 por Kailash Verlag, uma divisão da Penguin Random House Verlagsgruppe GmbH, Munique, Alemanha
Copyright da tradução © 2023 por GMT Editores Ltda.

Publicado mediante acordo com a Ute Körner Literary Agent – www.uklitag.com

Todos os direitos reservados. Nenhuma parte deste livro pode ser utilizada ou reproduzida sob quaisquer meios existentes sem autorização por escrito dos editores.

tradução do alemão: Thelma Lersch
preparo de originais: Sheila Louzada
revisão: Luis Américo Costa e Priscila Cerqueira
diagramação: Ana Paula Daudt Brandão
ilustrações: bob-design, Trier
capa: Natali Nabekura
imagem de capa: Valenty | Shutterstock
impressão e acabamento: Associação Religiosa Imprensa da Fé

CIP-BRASIL. CATALOGAÇÃO NA PUBLICAÇÃO
SINDICATO NACIONAL DOS EDITORES DE LIVROS, RJ

S779a

Stahl, Stefanie
  Acolhendo sua criança interior : caderno de atividades / Stefanie Stahl ; [tradução Thelma Lersch]. - 1. ed. - Rio de Janeiro : Sextante, 2023.
  144 p. ; 23 cm.

  Tradução de: Das kind in dir muss heimat finden : das arbeitsbuch
  ISBN 978-65-5564-685-6

  1. Criança interior (Psicologia). 2. Maioridade - Aspectos psicológicos. 3. Relações interpessoais - Aspectos psicológicos. 4. Conflito interpessoal. I. Lersch, Thelma. II. Título.

23-84226
CDD: 158.1
CDU: 159.923

Meri Gleice Rodrigues de Souza - Bibliotecária - CRB-7/6439

Todos os direitos reservados, no Brasil, por
GMT Editores Ltda.
Rua Voluntários da Pátria, 45 – Gr. 1.404 – Botafogo
22270-000 – Rio de Janeiro – RJ
Tel.: (21) 2538-4100 – Fax: (21) 2286-9244
E-mail: atendimento@sextante.com.br
www.sextante.com.br

A maior parte das sombras desta vida é causada pelo fato de bloquearmos nosso próprio sol.
– Ralph Waldo Emerson

SUMÁRIO

CONSTRUINDO UM EU MAIS FORTE EM TRÊS PASSOS 9

PRIMEIRO PASSO: DESCUBRA SUA CRIANÇA-SOMBRA 11
  Qual é o seu problema? 11
  Como interpretamos a realidade 14
  Conexão e autonomia 15
  Quem é a criança-sombra? 18
  Pensamentos: Descubra seu sistema de crenças 25
  Descubra suas crenças fundamentais 30
  Sentimentos: Sinta sua criança-sombra 30
  Algumas dicas para desembarcar de sentimentos negativos 32
  Comportamento: A criança-sombra e suas estratégias de autoproteção 32
  Escreva suas estratégias de autoproteção pessoais 63

SEGUNDO PASSO: FORTALEÇA SEU EGO ADULTO 65
  Seu cinema 4D pessoal 68
  Diferencie sentimentos verdadeiros de falsos 69

Pratique sua argumentação 71

Pegue-se no flagra! 73

As duas posições da percepção: pegar-se no flagra e mudar 76

Sol, luz e calor para a criança-sombra 77

Acolha sua criança-sombra 78

Console sua criança-sombra 80

As três posições da percepção 82

Diferencie fato de interpretação 84

Liberte-se do espelho da autoestima 88

Estratégias da criança-sombra para o dia a dia 89

TERCEIRO PASSO: DESCUBRA SUA CRIANÇA-SOL 95

Descubra suas crenças positivas 96

Crenças positivas da infância 96

Invertendo as crenças fundamentais 98

Fortaleça-se 99

Sinta sua criança-sol 100

Descubra seus pontos fortes e recursos 101

Descubra seus valores 102

Luz do sol para a criança-sol 104

Estratégias de reflexão para a criança-sol 104

Molde seus relacionamentos e sua vida 113

Encontre suas estratégias de reflexão pessoais 138

Simplesmente viva! 138

CONSTRUINDO UM EU MAIS FORTE EM TRÊS PASSOS

Prezada leitora e prezado leitor,

Com este livro, vou guiar você pela mão para que entenda e resolva seus problemas de uma forma muito simples e lúdica. A ideia não foi minha, mas de uma pessoa que participou de um seminário meu, Alexandra. Durante um intervalo, ela me perguntou se eu não pensava em lançar um caderno de atividades para *Acolhendo sua criança interior*, pois seria de grande ajuda em seu trabalho como psicoterapeuta. Fiquei bastante entusiasmada com a ideia e minha editora também concordou prontamente. Assim, logo comecei a me dedicar ao trabalho.

Este caderno de atividades pode ser trabalhado e lido de forma independente da obra original. Os fundamentos teóricos foram simplificados e ilustrados com as questões dos personagens Miguel e Selma. Eles acompanharão você por todo o livro, exemplificando quase todos os exercícios.

Cada trecho teórico traz pelo menos um exercício para que você possa avançar passo a passo de forma concreta. As atividades propostas são simples e fáceis, ou seja, não tomam muito tempo nem exigem uma motivação excepcional. Em comparação com *Acolhendo sua criança interior*, os exercícios consistem em passos menores. Além disso, há muitos conteúdos novos, algo que procurei desenvolver de modo que este livro tivesse valor agregado em relação à obra original.

A estrutura básica deste caderno de atividades é a mesma do primeiro livro: os pilares também são as chamadas criança-sombra e criança-sol.

Aqui, porém, há também o tema "autonomia *versus* dependência" como fio condutor. Encontrar o equilíbrio entre nossa aspiração por autonomia e nossa necessidade de conexão (dependência) é um conflito humano central. Juntamente com o sentimento de autoestima, esse equilíbrio é de importância ímpar para a configuração da nossa vida e dos nossos relacionamentos. A meu ver, essa estrutura ampliada tornará a compreensão e a solução de seus problemas ainda mais fáceis e mais lúdicas.

Em relação à estrutura básica: no primeiro passo ajudarei você a conhecer sua *criança-sombra*. Ela representa as experiências negativas da infância que podem nos trazer frustração e irritação constantes na nossa vida atual. Tais programações profundas e em geral inconscientes são a causa de (quase) todos os nossos problemas. O que a criança-sombra representa exatamente e como você pode descobrir a sua são o tema do primeiro passo deste livro, que explico com base em exemplos simples e exercícios práticos.

No segundo passo vamos explorar nosso *ego adulto*, também conhecido como "adulto interior". Ele representa nosso raciocínio lógico e nossa mente lúcida, sendo nosso braço direito para a reflexão e a solução dos problemas. Mostrarei aqui como fortalecer seu ego adulto para que ele atue como suporte no acolhimento de sua criança-sombra e, quando necessário, a controle.

No terceiro passo descobriremos sua *criança-sol*, que representa todas as partes saudáveis, fortes e felizes de sua personalidade. A criança-sol é também uma visão clara de sua meta emocional e do caminho que levará você até lá.

PRIMEIRO PASSO

DESCUBRA SUA CRIANÇA-SOMBRA

Qual é o seu problema?

Você decidiu ler este livro porque gostaria de resolver algumas questões pessoais. Escreva aqui exatamente qual é seu problema (ou problemas). Tente ser o mais específico possível e usar frases completas. Por exemplo, não escreva "Relacionamentos", mas "Me relaciono com pessoas que não se comprometem de verdade e depois passo muito tempo tentando convencê-las a me assumir".

_____

_____

_____

_____

Todos os nossos problemas derivam em alguma medida de nossa postura interna, que determina em grande parte como encaramos o mundo "lá fora". Isso também se aplica a casos de fatalidades como doenças graves, morte, guerra, exílio. Mesmo que essas situações sejam inegáveis crises, a avaliação subjetiva que fazemos dessas crises é o que costuma definir se vamos sucumbir ou crescer diante delas. É por isso que as pessoas lidam com tais crises de formas tão distintas entre si.

Espero, entretanto, que seus problemas não sejam tão graves quanto as fatalidades mencionadas há pouco. É por isso que quero lhe mostrar, à luz de um exemplo simples do dia a dia do casal Miguel e Selma, a grande influência da postura interna sobre nossos pensamentos, sentimentos, comportamentos e nossa percepção.

Talvez você já conheça Miguel e Selma de *Acolhendo sua criança interior*. Neste livro, eu os usarei ainda mais, pois exemplos tornam os padrões e as soluções mais nítidos.

Miguel se irrita rapidamente quando sua esposa esquece algo que é importante para ele. Recentemente ela esqueceu de comprar o refrigerante preferido dele quando foi ao mercado e Miguel perdeu a cabeça. Eles tiveram uma briga feia – mais uma de tantas.

Miguel   Selma

Você concorda que a reação de Miguel foi desproporcional? Outra pessoa com certeza teria reagido de forma diferente. Não foi, portanto, o acontecimento em si (o fato de Selma não ter comprado seu refrigerante) que deixou Miguel tão bravo, mas sua *interpretação* do acontecimento. A interpretação dele foi a seguinte: "Não sou importante para Selma. Ela não leva a sério meus desejos." Foi *por isso* que ele ficou com tanta raiva. E, assim como Miguel, todos nós reagimos não aos fatos objetivos das situações, e sim às interpretações subjetivas que fazemos dos fatos.

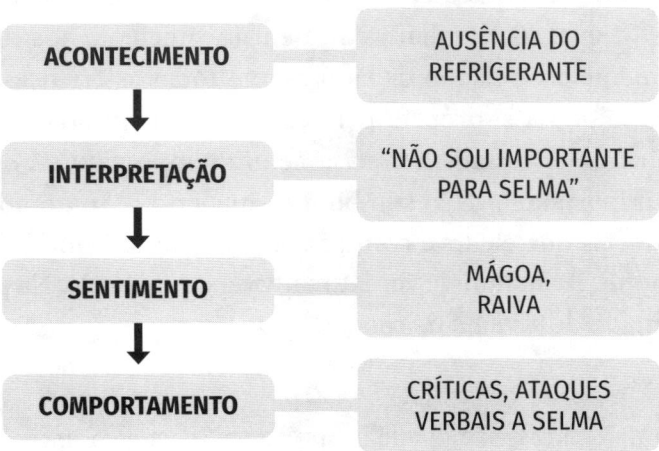

Em quais situações você tem uma reação emocional exagerada (e experimenta emoções como medo intenso, tristeza, raiva, mágoa ou vergonha) que é desproporcional ao acontecimento em si?
Escreva aqui tais situações.

___
___
___
___
___
___
___

Como interpretamos a realidade

Como chegamos a tais interpretações? Isso pode, novamente, ser explicado à luz da história de Miguel.

Miguel tinha dois irmãos e seus pais eram donos de uma padaria. A mãe estava sempre estressada e o pai só fazia trabalhar. Sobrecarregados, os pais de Miguel não podiam dar atenção suficiente aos filhos, e ele frequentemente era deixado de lado. Como todas as crianças, o pequeno Miguel culpou a si próprio pelo comportamento dos pais. Em vez de "Mamãe está estressada e precisa de um tempo para si", ele pensou: "Não sou importante", "Não sou bom o suficiente", "Sou ignorado", etc. As experiências que ele teve com os pais ficaram fortemente marcadas em sua psique. Tornaram-se verdades universais para ele. Na psicologia, isso é chamado de *sistema de crenças*.

> Sistema de crenças: são opiniões arraigadas e em geral inconscientes sobre si mesmo, sobre as interações com os outros e sobre o mundo. A maioria das nossas crenças surge nos primeiros anos de vida. A formação da nossa estrutura cerebral se dá desde o nascimento até o sexto ano de vida. É por isso que as experiências que vivemos com nossos pais e cuidadores são tão marcantes. Elas afetam profundamente o cérebro humano e costumam permanecer no nível inconsciente. A maioria das pessoas carrega consigo tanto crenças positivas quanto negativas.

CRENÇAS TÍPICAS

- *Não sou bom o suficiente.*
- *Tenho valor./Não tenho valor.*
- *Sou bom./Não sou bom.*
- *Sou um fardo.*
- *Tenho que agradar e me comportar bem.*
- *Sou bem-vindo e desejado.*
- *Sou importante.*
- *Ninguém me enxerga.*

Quais crenças vêm à sua mente de modo espontâneo?

_____
_____
_____
_____
_____
_____

 IMPORTANTE

Nós carregamos nossas crenças para a vida adulta. Elas determinam como percebemos e interpretamos o mundo e, consequentemente, influenciam nossos sentimentos, pensamentos e ações de forma significativa. Quando vemos o mundo pelos olhos da criança-sombra, vivenciamos uma *distorção perceptiva*: nos vemos menores, enquanto vemos os outros maiores. Assim, facilmente interpretamos mal suas intenções e tendemos a desvalorizá-las ou, no outro extremo, idealizá-las.

Conexão e autonomia

Nossa felicidade ou infelicidade é determinada por nossas relações interpessoais. De que serve toda a riqueza do mundo se nos sentimos solitários? De que vale o sucesso mais espetacular se não há ninguém com quem comemorar?

Para ter boas relações e para conviver bem em sociedade, qualquer pessoa precisa saber fazer duas coisas: *se adequar* e *se diferenciar*. Precisamos nos adequar para obter consenso, harmonia e cooperação. Já a diferenciação serve à autoafirmação e à imposição de nossos interesses. A adequação obedece, portanto, à nossa necessidade existencial de *conexão*, enquanto a diferenciação satisfaz nossa necessidade existencial de *autonomia e controle*. Trata-se de *necessidades emocionais* básicas. Desde o ventre materno até a morte, o complexo jogo entre conexão e autonomia determina nossa vida e nossas relações interpessoais. Nossa *autoestima* também bebe das experiências que temos com nossos pais envolvendo nossas necessidades de conexão e autonomia. Se nossos pais tiverem suprido nossas necessidades de conexão, cuidado, amor e proteção, sentimos, em um nível profundo de nosso ser, que somos bem-vindos neste mundo e que podemos confiar nos outros. Adquirimos uma *confiança básica*. Se, além disso, eles tiverem nos proporcionado espaço suficiente para desenvolvimento independente e incentivado nossa autonomia, também sentimos que temos um impacto no mundo e que podemos influenciar nossas relações interpessoais. Nossa capacidade de autonomia também contribui muito para uma autoestima sólida e para a construção da confiança básica.

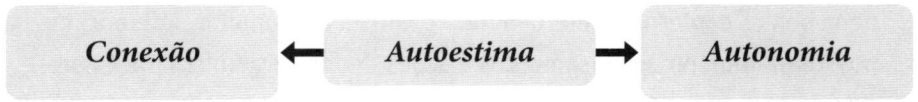

Em uma escala de 1 a 10, em que medida seus pais atenderam suas necessidades de conexão e cuidado?

Pode ser que imediatamente venha à sua cabeça um número de 1 a 10 que faça sentido. Se isso não acontecer, experimente relembrar uma ou duas situações concretas da sua infância, sejam agradáveis ou não. Isso ajudará você a perceber se seus pais lhe forneceram ou não os cuidados e a conexão de que você precisava.

1 2 3 4 5 6 7 8 9 10

Em que medida seus pais atenderam suas necessidades de independência e autonomia? Relembrar algumas situações concretas da infância também pode ajudar você aqui.

1 2 3 4 5 6 7 8 9 10

Como são suas relações hoje em dia? Você busca mais conexão, afeto e harmonia ou anseia primordialmente por liberdade e autoafirmação? Ou será que encontrou um equilíbrio entre essas necessidades básicas (conexão e autonomia)?

Muitas pessoas têm dificuldade de manter um equilíbrio saudável entre suas necessidades de conexão e de autonomia. Assim, ou se adéquam excessivamente aos outros ou se diferenciam de forma muito rígida. Outras oscilam de um extremo a outro – voltando-se para a dependência ou para a independência de acordo com cada situação e cada relação.

Marque onde você se encontra com mais frequência.

Pessoas que *se adéquam* em excesso negligenciam as próprias necessidades e desejos. Comportam-se de forma mais reativa em vez de moldar suas relações ativamente junto com os outros, pois vivem com o medo inconsciente do abandono e da perda da conexão. Para tais pessoas, conexão equivale a segurança. Elas confiam muito pouco em si mesmas sozinhas.

Pessoas que *se diferenciam* em excesso estão muito focadas na própria vida e se comprometem pouco, pois são guiadas pelo medo inconsciente de perder sua autonomia e sua liberdade nas relações interpessoais. Sentem-se mais seguras quando contam apenas consigo mesmas, pois têm dificuldade de confiar nos outros.

Se quisermos lidar bem com nosso próprio eu e com nossos semelhantes, precisamos encontrar um equilíbrio saudável entre diferenciação e adequação.

Quem é a criança-sombra?

A criança-sombra é uma metáfora para as impressões e crenças negativas desenvolvidas na infância. Ela carrega as feridas da nossa autoestima, criadas principalmente por violações às nossas necessidades de conexão e/ou autonomia na infância e na juventude. A criança-sombra representa um componente da personalidade que geralmente age de forma inconsciente.

Do outro lado está a criança-sol, com suas impressões positivas da infância e todas as possibilidades da vida adulta para a construção de uma vida feliz.

Inicialmente conheceremos sua criança-sombra e suas impressões negativas. Isso é importante para compreender a causa frequente de seus problemas em um nível mais profundo. Além disso, o conhecimento da criança-sombra é a base sobre a qual desenvolveremos sua criança-sol, no terceiro passo. Lidar com sua criança-sombra certamente não será fácil. É possível que emoções como tristeza, raiva, medo ou vergonha venham à tona. Mas acredite: o enfrentamento da sua criança-sombra será de grande proveito e é fundamental para a solução de seus problemas pessoais. Eu lhe garanto que o processo ficará mais leve depois desse primeiro passo; posteriormente, encontraremos seu ego adulto e sua criança-sol será revelada.

Antes de entrarmos em contato com sua criança-sombra, vamos fazer um exercício de reflexão sobre como você via seus pais quando criança. Não se trata de culpá-los pelos seus problemas, apenas de compreender o que marcou você.

Daqui em diante, Miguel e/ou Selma estarão em quase todos os exercícios, como exemplos para ajudar você a entender e realizar as atividades propostas.

Comece escrevendo como você chamava seu pai ou sua mãe ("minha mãe" ou "mamãe", por exemplo), depois descreva como você via esse responsável quando criança. Faremos primeiro com um deles, depois com o outro. Se não tiver sido criado por seus pais, pense nas principais pessoas que cuidaram de você em seus primeiros anos de vida. Caso você tenha uma mãe ou pai biológico e também uma mãe ou pai afetivo, pode incluí-los, contanto que tenham tido um papel importante em sua vida. Se você achar que a puberdade lhe trouxe mais dificuldades que a infância, pode considerar esse período no exercício. Ajuste a proposta de acordo com o que julgar mais adequado a seu caso. A única restrição que sugiro é que reduza ao máximo o número de pessoas descritas, para que o exercício não fique confuso.

Se possível, use uma linguagem simples e infantil para ajudar você a se imaginar em sua infância.

_____

_____

_____

_____

_____

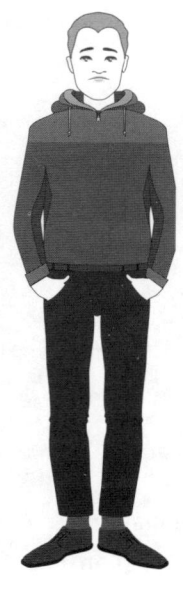

Papai trabalhava muito. Quando estava em casa, queria descansar. Quando estava de bom humor, brincava bastante comigo. Uma vez ele se irritou tanto comigo que me deu um tapa, mas depois se desculpou. Fora essa ocasião, nunca me bateu, mas gritava muito, por isso eu tinha um pouco de medo dele. Papai gostava mesmo era de me explicar as coisas. Adorava. Então, quando eu queria ficar perto dele, fazia perguntas. Na maior parte do tempo, eu sentia uma distância entre nós. De certa forma, tinha a sensação de que ele preferiria estar em outro lugar, e não com sua família.

Agora é sua vez:

Quando criança, eu via _____ (como você chamava seu pai/sua mãe/seu cuidador) assim:

_____
_____
_____
_____
_____
_____
_____
_____
_____

_____ (como você chamava seu pai/sua mãe/seu cuidador) me elogiava por:

_____

_____

_____ me punia por:

_____

_____

Características que _____ atribuía a mim (inteligente/burro, obediente/teimoso, uma alegria/um fardo, etc.):

_____

_____

Frase(s) típica(s) de _____ (por exemplo, "Me deixe em paz!"):

_____

_____

_____

_____

_____

Agora responda:

Em uma escala de 0 a 10, em que medida ele/ela fazia você se sentir valorizado como pessoa?

0   1   2   3   4   5   6   7   8   9   10

Em uma escala de 0 a 10, quão autoconfiante ele/ela parecia?

(0) (1) (2) (3) (4) (5) (6) (7) (8) (9) (10)

Depois de preencher tudo, feche os olhos por alguns instantes. Quais emoções surgem dentro de você em relação a seu pai/sua mãe/seu cuidador quando você pensa nessa época? Escreva qualquer sentimento que venha à tona.

_____
_____
_____
_____

Você sente o mesmo atualmente em relação a outras pessoas? (Alguém do trabalho, seu marido ou sua esposa, outros homens ou outras mulheres, etc.)

Agora faremos o mesmo exercício com o foco na segunda pessoa em que você pensou:

Quando criança, eu via _____ (como você chamava seu pai/sua mãe/seu cuidador) assim:

_____
_____
_____
_____
_____
_____
_____
_____

> Mamãe estava sempre estressada e se irritava fácil. Não dava conta de tudo, vivia sobrecarregada, por isso quase não tinha tempo para mim. Eu sentia, muitas vezes, que era um fardo para ela. Ela se preocupava com o que os outros diziam. Quando estava de bom humor, era muito carinhosa e engraçada.

_____ me elogiava por:

_____
_____

_____ me punia por:

_____

_____

Características que _____ atribuía a mim:

_____

_____

Frase(s) típica(s) de _____:

_____

_____

_____

_____

_____

Agora responda:

Em que medida _____ fazia você se sentir valorizado como pessoa?

0   1   2   3   4   5   6   7   8   9   10

Quão autoconfiante _____ parecia?

0   1   2   3   4   5   6   7   8   9   10

Depois de preencher tudo, feche os olhos por alguns instantes. Quais emoções surgem dentro de você em relação a seu pai/sua mãe/seu cuidador quando você pensa nessa época? Escreva qualquer sentimento que venha à tona.

_____
_____
_____
_____

Você sente o mesmo atualmente em relação a outras pessoas?

Pensamentos: Descubra seu sistema de crenças

Agora que você já se deslocou para sua infância em pensamentos e emoções, vamos criar sua criança-sombra.

Para este exercício, use o desenho da criança-sombra localizado na página 141.

1. Escreva os nomes de seus pais/cuidadores à direita e à esquerda da cabeça da criança.
   Miguel também fez o exercício da criança-sombra – está no verso da capa do livro. Você pode usá-lo como guia para preencher seu desenho com seu próprio conteúdo.

   No exercício anterior, você refletiu sobre seus pais e provavelmente chegou a características positivas e negativas que eles tinham. Ao mergulharmos na criança-sombra, vamos focar nos pontos negativos, deixando os positivos para a criança-sol. Escreva, portanto, as características negativas de cada pessoa, usando palavras-chave. Não precisa reproduzir todas as que você encontrou no exercício anterior; escreva apenas as mais relevantes.

2. Agora reflita: você tinha um *papel* a desempenhar na sua família? Às vezes esse papel é declarado, mas o mais comum é que fique implícito. Crianças que percebem a mãe como triste ou estressada sentem, por exemplo, que têm o dever de "Fazer mamãe feliz!". Crianças cujos pais vivem brigando sentem que seu dever é "Manter mamãe e papai juntos!". Algumas crianças têm o dever explícito de "Cuidar do irmão menor".

   Na sua família lhe cabia algum dever, ou mesmo vários (para com sua mãe e/ou seu pai)? Em caso positivo, escreva-os também, abaixo do nome da pessoa a quem dizia respeito.

3. Trace uma linha conectando o nome de sua mãe e o de seu pai e escreva nessa linha como era a relação entre eles.

   Como você enxergava a relação de seus pais/cuidadores?

4. Agora releia tudo que escreveu e deixe que as palavras ressoem em você. Tente sentir mais uma vez como isso o afeta, direcionando sua atenção para o peito e a barriga – que são o centro das emoções. Agora buscaremos suas crenças fundamentais. Quais crenças você internalizou por causa dos seus pais? Conecte-se profundamente com suas emoções.

 **IMPORTANTE**

As crenças fundamentais sempre se afirmam em expressões como "Preciso...", "Sou...", "Não posso...". "Estou triste", por exemplo, não é uma crença, mas um sentimento talvez decorrente da crença "Não tenho valor". Sentimentos como raiva, medo, tristeza, etc. em geral não exprimem crenças, mas uma reação a crenças. Além disso, uma crença não expressa uma intenção, como, por exemplo: "Quero ser perfeito!" Isso é uma intenção que pode resultar da crença "Preciso ser perfeito".

Para ajudar você na sua tarefa, fiz uma lista de algumas crenças fundamentais muito comuns.

Encontre pelo menos uma crença que afeta diretamente sua autoestima e anote-a no peito da criança do seu desenho.

**CRENÇAS FUNDAMENTAIS NEGATIVAS
que afetam diretamente a autoestima:**

- *Não sou bom o suficiente!*
- *Não sou bom!*
- *Não valho nada!*
- *Sou uma pessoa má!*
- *Sou feio!*
- *Sou muito gordo!*
- *Sou burro!*
- *Não sirvo para nada!*
- *Sou um fracassado!*

Agora, encontre pelo menos uma crença fundamental que envolva sua relação com seus pais ou cuidadores e escreva no peito da criança do seu desenho.

**CRENÇAS FUNDAMENTAIS NEGATIVAS
sobre a relação dos seus pais:**

- *Sou um fardo!*
- *Não sou importante!*
- *Sou responsável pela felicidade deles!*
- *Preciso tomar cuidado com seus sentimentos!*
- *Sou indesejado!*
- *Você não me ama!*
- *Você me odeia!*
- *Não posso confiar em ninguém!*
- *Sou sozinho no mundo!*
- *Não sou bem-vindo!*
- *Sou impotente!*
- *Não deveria ter nascido!*
- *Sou inferior!*
- *Sou irrelevante!*
- *Meus desejos não têm importância!*
- *Ninguém me entende!*
- *Sou mais forte que você!*
- *A culpa é minha!*
- *Sou deixado de lado!*

Em seguida, escreva pelo menos uma crença fundamental sobre a suposta solução para a relação dos seus pais/cuidadores.

**CRENÇAS FUNDAMENTAIS NEGATIVAS
sobre a suposta solução para o problema dos seus pais:**

- *Tenho que agradar e me comportar bem!*
- *Preciso corresponder às expectativas!*
- *Não posso ter vontade própria!*
- *Preciso obedecer!*
- *Não posso ser quem sou!*
- *Preciso ser perfeito!*
- *Preciso ser o melhor!*
- *Preciso fazer tudo sozinho!*
- *Não posso decepcionar vocês!*
- *Não posso cometer erros!*
- *Preciso estar sempre ao seu lado!*
- *Não posso ter sentimentos!*
- *Preciso ser forte!*

Por fim, escreva ao menos uma crença fundamental sobre a vida no peito da criança do seu desenho.

CRENÇAS FUNDAMENTAIS NEGATIVAS sobre o mundo:

- *Mulheres são más!*
- *Homens são maus!*
- *Ter confiança é bom, mas ter controle é melhor!*
- *Nada é de graça nesta vida!*
- *A vida está contra mim!*
- *Conversar não serve para nada!*
- *Vai dar tudo errado mesmo!*
- *O mundo é um lugar ruim!*

A criança-sombra mimada

Crenças negativas não surgem somente como consequência de privação, negligência ou superproteção. Pais muito permissivos e que mimam o filho podem lhe passar a impressão de que tudo deve obedecer à sua vontade e que ele não precisa se esforçar para conseguir nada. Assim, em vez de crenças depreciativas, essa criança pode desenvolver crenças que exagerem sua importância, colocando a si mesma em um pedestal. Seus problemas podem não se basear nas crenças mencionadas anteriormente, mas em uma das seguintes:

- *Sou o melhor!*
- *Tudo tem que ocorrer de acordo com minha vontade!*
- *Sempre sou bem-vindo!*
- *Tenho direito a tudo!*
- *Sou mais forte/melhor que os outros!*

Se você tiver sido muito mimado, a adequação à vida em sociedade pode ser muito difícil. Talvez você se frustre se não conseguir algo de primeira, já que não aprendeu a perseverar. Uma rejeição amorosa pode causar um forte abalo pelo mero fato de você não estar acostumado a não conseguir o que deseja. Esse condicionamento pode ser modificado, assim como todos os outros. Os exercícios a seguir serão proveitosos para você também.

Descubra suas crenças fundamentais

Neste momento você deve estar se deparando com muitas crenças negativas no desenho da sua criança-sombra. Elas geralmente são variações de um tema geral. Crenças como "Sou impotente", "Não posso me defender", "Tenho que agradar e me comportar bem" e "Preciso obedecer", por exemplo, fazem parte de um mesmo subgrupo. É por isso que queremos descobrir suas *crenças fundamentais*. Uma crença fundamental pode ser compreendida como o epicentro das suas crenças – a pior de todas, a que bota você mais para baixo.

Releia agora suas crenças e identifique *no mínimo* uma e *no máximo* três crenças fundamentais. Tente conectar-se com seus sentimentos e descobrir quais crenças têm o efeito mais negativo em você e sublinhe-as no desenho da criança-sombra.

Sentimentos: Sinta sua criança-sombra

Você pode ter sido invadido por emoções desagradáveis ao descobrir suas crenças fundamentais. São sentimentos que lhe são familiares e o acompanham desde a infância. As crenças em si não fariam tão mal se não estivessem conectadas a sentimentos angustiantes. O pensamento "Não sou bom o suficiente" só tem força na medida em que vem acompanhado de um sentimento de inferioridade e submissão, permitindo que medo, vergonha, tristeza ou impotência se instalem. Identificar as emoções da nossa criança-sombra é crucial para *nos pegarmos no flagra* quando estivermos presos no modo criança-sombra. Esse "pegar-se no flagra" consciente é justamente o pressuposto para *nos restabelecermos* de forma rápida.

Se você não tiver vivenciado sentimentos negativos explícitos ao descobrir suas crenças fundamentais, repita-as internamente e tente observar, com plena consciência, quais sentimentos surgem. Feche os olhos e direcione sua atenção para a respiração. Ela se aprofunda? Fica bloqueada? Respire fundo, com a barriga. Mantenha a atenção no peito e na barriga, que são o centro das emoções. Afirme mentalmente suas crenças fundamentais e sinta seu impacto. As emoções se expressam fisicamente por meio de pressão no peito, formigamento, nó na garganta, coração acelerado, etc. Observe a *manifestação física* das emoções. Se você sentir, por exemplo, uma pressão no peito, pergunte-se qual emoção descreveria tal sensação (medo, por exemplo). Se não conseguir dar nome às emoções, permaneça no nível das manifestações físicas.

Nosso repertório de emoções negativas abrange: vergonha, medo (nervosismo, pânico), tristeza (desespero, resignação, mágoa), raiva (irritabilidade, ódio), repulsa, ciúme e inveja. O *medo da perda* e o *medo do fracasso* têm um papel de destaque, sendo frequentemente a causa das outras emoções. Se perdi uma pessoa importante (perda), fico triste. Se me sinto ofendido (sentimento de fracasso), talvez fique com raiva ou triste. Se tiver cometido um erro (fracasso), sinto vergonha. Se acho que minha amiga é muito mais bem-sucedida que eu (sentimento de fracasso), posso sentir inveja. E por aí vai.

Se for difícil sentir algo neste exercício, você pode tentar pensar no problema ou problemas que anotou no primeiro exercício deste livro. Que sentimentos ele evoca? A criança-sombra tem um papel importante nisso.

Se você não conseguir sentir nada no momento, seja por um bloqueio ou por simplesmente não conseguir se conectar com um estado negativo, tente identificar seus sentimentos negativos recorrentes.

Anote seus sentimentos em vermelho na barriga do desenho da sua criança-sombra. O vermelho sinaliza a importância desses sentimentos para suas ações.

Você não precisa permanecer tanto tempo focado nesses sentimentos negativos. Após identificá-los, retire o foco deles intencionalmente.

Algumas dicas para desembarcar de sentimentos negativos

Para sair de sentimentos negativos, você precisa se distrair com outra coisa. Nosso cérebro não funciona bem no modo multitarefas; por isso, se você conseguir direcionar a atenção para algo totalmente diferente, os sentimentos negativos irão embora. As seguintes técnicas podem ajudar:

- Bata em todo o seu corpo com as mãos e respire ruidosamente, ou mesmo fazendo algum barulho durante a respiração. Comece pelos pés e vá subindo pelas pernas até chegar à barriga. Não se esqueça do bumbum. Por fim, dê tapinhas na cabeça e dê alguns pulos.
- Concentre-se no ambiente externo. Inspecione com o olhar o ambiente no qual você está e tente identificar algo novo.
- Pense em países cujo nome comece com cada letra do alfabeto.
- Faça alguma atividade que demande sua atenção total.

Existe outro método para desembarcar de emoções: concentre-se somente na sensação física ("formigamento", "pressão no peito", etc.) e apague da cabeça todas as imagens ligadas a esse sentimento. Torne-as escuras. Expulse-as. Permaneça concentrado exclusivamente na sensação física da emoção. Você vai notar que ela logo se dissipará.

Muitas vezes, simplesmente decidir que você vai desembarcar do sentimento e dizer bem alto "Pare!" já é o suficiente para não continuar preso na emoção.

Comportamento: A criança-sombra e suas estratégias de autoproteção

Sentir as emoções negativas desencadeadas pelas crenças não é agradável. Elas nos põem para baixo, e queremos evitar que os outros percebam nossa insuficiência e nossa inferioridade. Realmente acreditamos nisso – as crenças têm um poder enorme sobre nós. Estamos empenhados em nos proteger dos efeitos negativos de nossas crenças. Quando pensamos, por exemplo, "Não sou bom o suficiente!", podemos tentar compensar tal déficit nos esforçando demais e buscando a perfeição. O perfeccionismo é uma estratégia de autoproteção largamente utilizada. Outras estratégias de autoproteção são: obsessão por harmonia, fuga e evitação, encenação e mentiras. Todas têm como objetivo (inconsciente) proteger a criança-sombra de novas feridas, ou seja, do medo do fracasso e do medo da perda.

Separei as estratégias de autoproteção em:

1. *Estratégias de autoproteção gerais*, utilizadas por todas as pessoas.
2. Estratégias que todos conhecem, mas que são utilizadas principalmente por pessoas que protegem sua criança-sombra por meio da *adequação*: ou seja, crianças-sombra *ajustadas*.
3. Estratégias que todos conhecem, mas que são utilizadas principalmente por pessoas que protegem sua criança-sombra por meio da *diferenciação*. Já que criança-sombra *autônoma* ou *diferenciada* soa estranho, adotei, por motivos estético-linguísticos, o termo *rebelde*, que expressa a essência da questão em igual medida.

Estratégias de autoproteção típicas de crianças-sombra ajustadas

Pessoas cuja criança-sombra tende (inconscientemente) para o lado da adequação tentam fazer tudo certo e satisfazer todas as expectativas que lhes atribuem. Suas estratégias de autoproteção têm como objetivo, em essência, garantir sua conexão com os outros. Sua criança-sombra tem muito medo de ficar sozinha e não se julga capaz de caminhar com as próprias pernas. Ela busca segurança na conexão.

Estratégias de autoproteção típicas de crianças-sombra rebeldes

Pessoas cuja criança-sombra tende (inconscientemente) para o lado da autonomia e da autoafirmação confrontam seus medos de forma ativa por meio da diferenciação, o que é feito via agressão, briga ou recusa. Suas estratégias de autoproteção têm como objetivo, em essência, criar certa distância em relação aos outros. Sua criança-sombra tem dificuldade de confiar – a opção mais segura, para ela, é contar apenas consigo mesma. Busca segurança na autonomia e no controle.

IMPORTANTE

Nossas estratégias de autoproteção tentam nos adequar da melhor forma possível à vida e às circunstâncias "lá fora". Muitas delas desenvolvemos ainda na infância, para lidar com nossos pais. Ou seja, quando crianças, assumimos a *responsabilidade pela nossa relação com nossos pais*. Nossas estratégias de autoproteção faziam sentido naquele contexto, mas agora somos adultos e teríamos formas muito melhores de comunicação e de gerenciamento de nossos relacionamentos. Algumas dessas estratégias não são mais adequadas e nos trazem mais problemas do que soluções. A maior parte das estratégias de autoproteção, porém, ainda pode fazer sentido na vida adulta. Recuar, por exemplo, é positivo quando nos sentimos sobrecarregados. Também não faz mal reprimir fatos desagradáveis quando não podemos mudá-los. Dependendo da situação, também pode ser adequado preservar-se e omitir a própria opinião para evitar um conflito difícil. Como tantas vezes na vida, o determinante é a *intensidade de utilização* das estratégias de autoproteção. Quando elas nos causam mais danos do que benefícios, precisamos mudar de comportamento.

Explicarei detalhadamente como mudar suas estratégias de autoproteção disfuncionais. Antes, porém, faremos um levantamento das suas estratégias de autoproteção mais frequentes.

Nas próximas seções encontram-se as principais estratégias de autoproteção. Após cada descrição, proponho um pequeno exercício de autorreflexão. Algumas estratégias você vai reconhecer de imediato, outras nem tanto, e outras, ainda, talvez lhe sejam totalmente desconhecidas. Além disso, talvez você tenha alguma estratégia que não menciono aqui – existem muitas, e me restringi às mais comuns. Faça os exercícios o melhor que conseguir – pode pular aqueles relacionados a estratégias que nitidamente não tenham nada a ver com você.

De forma semelhante ao trabalho com as crenças, será necessário um pouco de coragem para ser honesto nos exercícios a seguir. Faça tudo em seu próprio ritmo. Você pode, por exemplo, propor-se a trabalhar uma estratégia de autoproteção por dia.

Estratégias de autoproteção gerais

As seguintes estratégias de autoproteção aplicam-se tanto às crianças-sombra mais ajustadas quanto às mais rebeldes e, é claro, àquelas que se equilibram entre ambos os polos ou oscilam radicalmente entre eles.

Repressão, autoengano e ilusão

A repressão é um mecanismo de autoproteção valioso, sem o qual, na verdade, não funcionaríamos. Se estivéssemos sempre conscientes de todas as coisas terríveis do mundo, inclusive de nossa própria mortalidade, o medo e o sentimento de impotência nos dominariam de tal forma que não seríamos pessoas funcionais. Na prática, a repressão da realidade é a mãe de todas as estratégias de autoproteção, pois todas estão a serviço da repressão. Quando usamos o perfeccionismo para nos proteger, reprimimos nosso sentimento de inferioridade e nosso medo de fracassar. Quando temos uma obsessão por harmonia e evitamos conflitos, reprimimos nosso medo da perda. Também reprimimos bastante quando simplesmente nos iludimos em certas situações, esperando que tudo se resolva como em um passe de mágica – por exemplo, nos convencemos de que nosso relacionamento é bom e esperamos que nosso parceiro mude.

Imagine três situações concretas nas quais você teve algum problema com outras pessoas, consigo mesmo ou com seu próprio comportamento. Pergunte-se em cada uma das situações: Estou reprimindo algo? Estou me enganando nesta situação? Ou estou me iludindo, acreditando em uma solução improvável?

_____

_____

_____

_____

_____

_____

1. Como muitos doces e reprimo o fato de que estou ganhando peso.
2. Não quero admitir que sinto inveja da minha melhor amiga.
3. Eu me iludo imaginando que Miguel vai mudar.

🩺 PRIMEIROS SOCORROS

Tenha em mente que o reconhecimento de sentimentos ou situações constrangedoras gera sofrimento no curto prazo, mas que você só resolverá seu problema se reconhecê-los. No médio e longo prazos, sua vida será melhor se você resolver seus problemas em vez de fugir deles.

Transferência de responsabilidade e vitimização

Não é raro fugirmos de nossas responsabilidades na vida e, em geral, nem temos consciência disso. Estamos convencidos de que nosso parceiro, nossa chefe, o clima ou nossos pais são os culpados pela nossa insatisfação e nos vitimizamos. Nos lamentamos e reclamamos, porém não mudamos nada. Por trás desse comportamento costuma estar o medo de fracassar e de errar caso construíssemos nossa vida sob nossa própria responsabilidade. Persistimos em um trabalho que não nos faz felizes, na esperança de que nosso chefe mude ou sonhando ganhar na loteria. Geralmente escolhemos a segurança do estado atual em detrimento das incertezas do nosso sonho. Se realmente quisermos mudar algo, precisamos nos arriscar e superar a inércia e o medo de fracassar.

Você se identifica com isso? Quais são as áreas da sua vida nas quais você espera que alguém mude ou que algo aconteça para que as coisas melhorem? Anote três áreas.

_____

_____

_____

1. A Selma precisa me entender e se adequar melhor às minhas necessidades.
2. Em vez de correr atrás de um emprego melhor, espero que simplesmente me façam uma proposta.
3. Em vez de convidar meu melhor amigo para um almoço, fico triste porque quase não o vejo.

Anote pelo menos uma crença dessa estratégia de autoproteção.

_____

_____

_____

_____

_____

_____

Não há nada que eu possa fazer!

🧰 PRIMEIROS SOCORROS

Todo dia de manhã, fique de pé com as costas eretas e diga: "Sou 100% responsável pelas minhas emoções e minha vida. Hoje eu assumo o controle da minha felicidade!"

Fuga, afastamento e evitação

Quando calculamos que não temos chance alguma em uma situação, nos afastamos, fugimos e evitamos o conflito, o que é um mecanismo de autoproteção natural e muito saudável. Dependendo da avaliação que fazemos, atacamos ou nos esquivamos. Entretanto, pessoas que usam essa estratégia levam a vida na defensiva, tendo construído em torno de si um muro muito difícil de penetrar. Muitos se refugiam em atividades como forma de evitar mágoas e conflitos. Um destino popular de fuga é o trabalho. As pessoas mergulham nas obrigações profissionais para esquecer seus problemas pessoais. Hobbies e redes sociais também costumam cumprir essa finalidade. Elas evitam enfrentar seus medos e discutir com os outros por medo da rejeição, mas o problema é que a fuga e a evitação aumentam a falta de iniciativa e o medo em vez de diminuí-los. Postergar tarefas importantes repetidamente só faz o problema e o sentimento ruim crescerem. Fugir de confrontos faz com que os conflitos fiquem sem solução, ocultos debaixo do tapete. Evitar repetidamente situações sociais que nos dão medo nos impede de sentir o efeito curativo de passar por tais situações e perceber que somos capazes de enfrentá-las.

Quais são suas estratégias de evitação típicas? Anote três delas.

1. _____
2. _____
3. _____

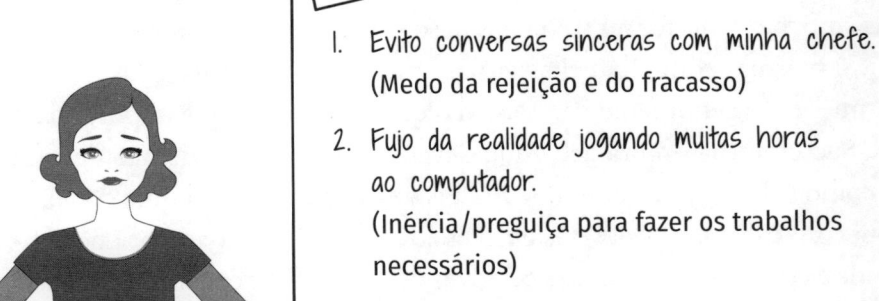

> 1. Evito conversas sinceras com minha chefe.
> (Medo da rejeição e do fracasso)
>
> 2. Fujo da realidade jogando muitas horas ao computador.
> (Inércia/preguiça para fazer os trabalhos necessários)
>
> 3. Não me exercito.
> (Preguiça/medo do baixo condicionamento físico)

A evitação protege você de quais emoções desagradáveis? Anote três delas.

1. _____

2. _____

3. _____

PRIMEIROS SOCORROS

Você pode evitar e procrastinar 24 horas por dia, mas a realização das tarefas ou a superação do medo tomariam muito menos tempo. Tente imaginar como você se sentirá hoje à noite, na semana que vem ou daqui a um ano se continuar evitando e procrastinando. Depois imagine qual seria a sensação de encarar a tarefa e/ou superar seus medos, sua inércia, seu sentimento de vergonha, etc. Defina pequenos passos para alcançar sua meta e simplesmente comece!

Disfarce, encenação e mentiras

Todos nós queremos pertencer e, para isso, nos adequamos a normas e rituais sociais, o que faz todo o sentido. Não podemos nem desejamos nos comportar de forma autêntica e aberta o tempo todo. Há pessoas, entretanto, que não saem de casa sem usar uma máscara social. Elas representam um papel atrás do qual se escondem. Têm uma ligação fraca com suas emoções, pois foram treinadas desde cedo a simplesmente agir, vendo a si mesmas como "conchas vazias", pois estão desconectadas de seus sentimentos e geralmente não sabem o que querem e o que importa para elas. Sua criança-sombra acha que deveria se esconder, que não deveria ser como é. É por essa razão que muitas dessas pessoas têm uma conexão frágil com os próprios desejos e necessidades. A criança-sombra fica obcecada em corresponder às expectativas de seus pares e encena seus papéis de acordo com tais expectativas, o que é bastante cansativo. Em geral, essas pessoas se conectam melhor consigo mesmas quando estão sozinhas.

Também há pessoas que mentem, se escondem e se recusam a assumir responsabilidade por si próprias e por suas ações. Todos nós contamos pequenas mentiras sociais de vez em quando, inclusive para não magoar os outros. Algumas pessoas, porém, mentem e são falsas de forma generalizada, atingindo seus objetivos por meio de manipulação e trapaça. Sua criança-sombra acredita que o mundo lá fora é ruim e que os meios se justificam para obter benefícios próprios na luta pela sobrevivência.

Há situações em que você encena um papel e é menos autêntico? Existe um papel que encene com mais frequência?

_____
_____
_____
_____

1. Na presença do meu chefe, ajo como se soubesse tudo e fosse o maioral.
2. Quando estou entre amigos, assumo o papel do cara bem-humorado e guardo meus problemas para mim.

Qual necessidade de proteção de sua parte (por exemplo, medo da perda) está por trás de tal comportamento?

_____
_____
_____
_____

Responda com sinceridade: como é sua relação com a verdade? Marque a opção adequada:

1. Minto para não magoar os outros.
   ◯ Nunca   ◯ Raramente   ◯ Frequentemente   ◯ Sempre

2. Minto para obter vantagens pessoais.
   ◯ Nunca   ◯ Raramente   ◯ Frequentemente   ◯ Sempre

3. Minto para parecer melhor do que sou.
   ◯ Nunca   ◯ Raramente   ◯ Frequentemente   ◯ Sempre

PRIMEIROS SOCORROS

O que poderia acontecer de ruim se você assumisse seus pontos fracos, desejos e necessidades? Escolha uma situação que não lhe gere tanto medo e seja autêntico, falando sinceramente o que sente e seu ponto de vista. Comece com um amigo próximo, talvez. Eleja uma pequena situação por dia para afirmar a si próprio.

Estratégias de autoproteção típicas de crianças-sombra ajustadas

É importante lembrar que todos nós utilizamos todas as estratégias de autoproteção, em maior ou menor intensidade. Algumas delas, porém, são mais usadas por pessoas que protegem sua criança-sombra por meio da adequação. Suas estratégias de autoproteção buscam garantir conexão e proximidade – às vezes, por meio do consumo e de vícios.

Impotência e eterna criança

Algumas pessoas desejam ser crianças para sempre e se recusam (em geral, de forma inconsciente) a assumir a responsabilidade pela própria vida. Elas têm dificuldade de tomar decisões e estão sempre precisando da reafirmação dos pais, parceiro, amigos, etc. Sua criança-sombra tem medo de caminhar com as próprias pernas, pois não se julga capaz de fazê-lo. Acima de tudo, a criança-sombra de tais pessoas tem um medo enorme de cometer erros. Uma decisão ruim seria um erro. Elas não sabem lidar com o erro e têm baixa *tolerância à frustração*. Além disso, acreditam que a probabilidade de fracassar é enorme, já que não confiam nas próprias habilidades. Sua criança-sombra acha que os outros sabem diferenciar melhor certo de errado. Agarram-se a outras pessoas, geralmente ao parceiro amoroso, o qual deve garantir sua felicidade e tomar suas decisões por elas. Internamente, elas nunca se libertaram dos pais e nunca tomaram a responsabilidade por sua vida nas próprias mãos. Em casos graves, tais pessoas desenvolvem *crises de medo* e sofrem *ataques de pânico*. Por trás de tal quadro encontra-se uma criança-sombra extremamente insegura, que se sente perdida no mundo sem alguém para guiá-la.

Como você avalia sua facilidade ou dificuldade de tomar decisões?

0 1 2 3 4 5 6 7 8 9 10

Pare e sinta dentro de si: você sente que vive de forma autônoma e sob sua própria responsabilidade? Ou sua criança-sombra prefere que os outros tomem decisões difíceis em seu lugar?

Anote aqui seus pensamentos e sentimentos.

_____

_____

_____

_____

_____

_____

_____

> Eu gostaria que Miguel me protegesse e me fizesse feliz. Desejo ser salva, mas de quê? Sou passiva e não tenho autoconfiança para conduzir minha felicidade com minhas próprias mãos. Acabei me tornando professora pois era o desejo dos meus pais, mas deveria ter estudado canto. Será que ainda dá tempo?

Encontre no mínimo uma crença relativa a essa estratégia de autoproteção.

_____
_____
_____
_____
_____

> *Não vou conseguir!*
> *Sou pequena e indefesa!*

🧰 PRIMEIROS SOCORROS

O preço da liberdade é o risco de cometer erros. Tenha certeza de que o maior erro é persistir na dependência.

Perfeccionismo e obsessão pela beleza

Todos nós temos uma grande necessidade de reconhecimento. A razão para isso é que somos animais sociais e não poderíamos existir sem a conexão com a sociedade. É como se o reconhecimento fosse a moeda para a ligação com o grupo. Consequentemente, nos esforçamos para evitar erros e causar uma boa impressão. Como já mencionado, é a intensidade de utilização que costuma transformar uma estratégia de autoproteção em um problema. Se orientarmos a maioria das nossas ações pela motivação de obter o máximo de reconhecimento possível, nos afastaremos de nossos reais desejos e necessidades – e, às vezes, também de nossos valores morais. Além disso, correremos o risco de nos esgotarmos em nossos esforços, pois sempre haverá alguém melhor e mais bonito. A criança-sombra simplesmente não se impressiona com seus sucessos e continua obstinada em sua convicção de que não é boa o suficiente. É mais o adulto interior que fica feliz quando obtém sucesso, mas a alegria dura pouco, pois a próxima vitória já precisa ser garantida. Nesse ciclo infinito, nunca se chega à meta final, em uma busca infinita e exaustiva pelas necessidades. Vale ressaltar que nossa criança-sombra também pode ser nosso maior apoiador, motivando nosso desempenho e nosso sucesso de forma positiva. É necessário, porém, encontrar o equilíbrio entre desempenho e descontração, pois o desempenho com alegria em algo que faça sentido para nós vale muito mais do que fazer algo sem sentido pelo mero reconhecimento.

O mesmo se aplica à aparência física. Cuidar-se e focar em seus pontos fortes é importante e faz bem, mas algumas pessoas dedicam atenção desmedida à aparência física e ao corpo. Sua vida gira em torno de dieta, exercícios, moda e tratamentos estéticos. Por trás de tal comportamento está o medo da criança-sombra de não ser boa o suficiente e ser rejeitada. Tal como o perfeccionismo, essa estratégia de autoproteção gasta muita energia e não cura a criança-sombra, podendo se tornar um grande fardo no processo natural de envelhecimento e fenecimento da beleza típica da juventude.

Quão intenso é seu desejo de reconhecimento?

0 1 2 3 4 5 6 7 8 9 10

O que você faz para obter reconhecimento? Anote no mínimo três coisas.

___
___
___
___
___
___

Encontre no mínimo uma crença relativa a essa estratégia de autoproteção.

___
___
___
___
___
___

🧰 PRIMEIROS SOCORROS

Entenda que você está batendo de frente com a criança-sombra e que ela não será convencida com essa estratégia. Tente fazer as coisas simplesmente "bem" em vez de com perfeição. E estabeleça termos realistas de comparação: em vez de comparar seu corpo, por exemplo, com o que vê nas revistas de moda, observe a realidade das ruas.

Obsessão por harmonia e idealização

Muito parecida com o perfeccionismo é a obsessão por harmonia e hiperadequação. Por trás dessa estratégia de autoproteção está novamente a busca por reconhecimento ou, em outras palavras, o desejo de se destacar. Pessoas que usam essa estratégia de autoproteção estão sempre com as anteninhas ligadas para descobrir o que os outros desejam delas. Sua obsessão é satisfazer todas as expectativas, pois sua criança-sombra vive com o medo crônico da rejeição. Para se adequar, colocam suas necessidades em segundo plano, suprimindo a própria vontade. Essa repressão das necessidades geralmente se inicia na infância e é comum ouvi-las dizer que nem sabem o que querem. Ou dizem sim quando na verdade querem dizer não. Em geral, não ficam à vontade para dizer nem sim nem não. Quando dizem sim, podem se sentir alienadas (pois não é o que desejam), e quando dizem não, sentem culpa.

Para evitar conflitos e discussões, pessoas obcecadas por harmonia reprimem não só suas necessidades e seu sentimento de raiva como também costumam banir da consciência conflitos potenciais. Têm uma postura bastante *ingênua* frente ao mundo e tendem a *idealizar* seus pares. A idealização as protege da proximidade com pessoas importantes.

Você se identifica com isso? Pense em situações em que você tenha feito algo que não queria só para não decepcionar alguém.

_____

_____

_____

_____

_____

1. Falei para o diretor da escola que assumiria a direção do grupo de teatro, o que vai me sobrecarregar muito.
2. Almoço com meus colegas de trabalho, apesar de relaxar mais quando dou uma caminhada sozinha.
3. Prometi ao Miguel que iria à festa de aniversário de 50 anos da tia dele, apesar de não estar com vontade nenhuma de ir.

Você acha que talvez feche os olhos para a verdade na relação com pessoas importantes para você? Escreva o que pensa sobre isso.

_____
_____
_____
_____
_____

Encontre no mínimo uma crença relativa a essa estratégia de autoproteção.

_____
_____
_____
_____
_____

🧰 PRIMEIROS SOCORROS

Sua obsessão por harmonia pode sobrecarregar suas relações no longo prazo mais do que conversas honestas, pois ocultar sua postura e suas convicções não é justo nem sincero. É muito cansativo, para as pessoas ao seu redor, ter que quebrar a cabeça para descobrir o que você realmente quer. Tenha confiança para assumir a responsabilidade pelos seus desejos.

Lamentações e carência

A criança-sombra ajustada vive, como já dito, com o medo inconsciente de ser abandonada. Ela reage imediatamente a qualquer tipo de distanciamento das pessoas que ama, principalmente do parceiro amoroso – seu medo da perda é ainda mais forte nessa esfera da vida. A criança-sombra ajustada sofre de carência de reconhecimento e afeto, tendo grande necessidade de apoio, já que não confia nas próprias capacidades. Sua carência pode sobrecarregar e limitar o parceiro.

Não é raro que justamente pessoas com padrões dependentes de relacionamento escolham parceiros situados mais próximo do polo da independência. Elas acham tais parceiros excitantes e sua criança-sombra quer justamente provar seu valor para pessoas independentes. Por sua vez, a criança-sombra dos independentes, que buscam autonomia, sente-se rapidamente pressionada pelas expectativas do outro e foge, terminando a relação ou criando uma distância após momentos de intimidade, o que aumenta a insegurança da criança-sombra dependente e intensifica sua carência. Como reação, o parceiro independente se afasta ainda mais, e assim por diante, em um círculo vicioso de manobras de aproximação e distanciamento. Como já abordado, os papéis de quem fica no polo dependente e de quem fica no polo independente podem mudar de relação para relação e também dentro de cada relação, dependendo da dinâmica de cada relacionamento.

Você tem ou já teve relacionamentos que desencadearam impulsos de carência em você? Quais comportamentos de seu parceiro, amigo ou familiar desencadearam esse impulso?

> Muitas vezes demonstro carência por medo de perder o Miguel. Eu reclamo demais e o irrito por desejar mais atenção e proximidade. Ele provavelmente acha tais comportamentos desagradáveis.

_____
_____
_____
_____

Qual crença está ligada a esse comportamento de carência?

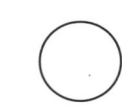

> *Não sou boa o suficiente!*

🩹 PRIMEIROS SOCORROS

Você tenta curar sua criança-sombra por meio do outro, que precisa confirmar seu valor. Isso é uma armadilha, pois o comportamento dele não está sob seu controle. Sendo assim, tente não reconhecer o próprio valor no espelho de outras pessoas (veja também "autoestima espelhada", na página 86). Tente se conscientizar, com a ajuda do ego adulto, de que seu valor não é determinado pelo comportamento alheio. Reassuma a responsabilidade por si mesmo e se volte para atividades que façam você avançar e lhe deem alegria (hobbies, cursos de aperfeiçoamento, encontros com amigos, etc.). Trilhando esse caminho, você se tornará mais independente e também mais atraente para seu parceiro.

Compras, consumo e vício

Estas estratégias de autoproteção têm muito a ver com nossas sensações de felicidade e a síntese de dopamina. O cérebro humano ama dopamina, pois lhe traz felicidade. O consumo – seja de coisas materiais como álcool, comida e drogas, seja de atividades como esportes, sexo, trabalho, compras, etc. – pode liberar enormes quantidades de dopamina no cérebro. Se tais comportamentos virarem vícios, cria-se um problema. Vícios geram fortes condicionamentos no cérebro e podem surgir a partir de hábitos simples, para além das questões da criança-sombra. Além disso, o vício também tem um componente genético. Há pessoas, por exemplo, cujo cérebro metaboliza nicotina muito mais depressa que outras. Estas dificilmente se viciarão em cigarro, seja porque nunca fumarão ou porque permanecerão fumantes ocasionais.

Outras vezes, porém, a criança-sombra tem sua parcela de responsabilidade no comportamento vicioso, pois pode estar tentando anestesiar seus medos de fracasso, perda ou solidão. Outra causa comum de vícios é simplesmente combater o tédio, em especial à noite, após o trabalho, quando nossa bateria já está quase no fim. Exaustos demais para nos dedicarmos a hobbies, existe o perigo de recorrer à comida e ao álcool, liberando uma bela "onda de dopamina de fim do dia".

Quais vícios você tem?
_____
_____
_____

Qual o objetivo do seu vício? (Conectar-se com amigos, combater o tédio, anestesiar medos, etc.)
_____
_____
_____
_____
_____

Encontre no mínimo uma crença relativa a essa estratégia de autoproteção.
_____
_____
_____
_____

🧰 PRIMEIROS SOCORROS

Tente criar uma imagem contrária ao sentimento relacionado ao vício. Se seu vício é o trabalho, imagine como seria ficar um tempo com os amigos ou a família e tente mergulhar nesses sentimentos positivos, imaginando também como essas pessoas se sentem quando você tem mais tempo para elas. Se você devora um pacote de biscoitos recheados toda noite, imagine a sensação de bem-estar físico que teria se, em vez disso, caminhasse por meia hora. Construa uma imagem positiva de sua meta como antídoto para seu estilo de vida viciante – e *sinta* as emoções positivas que surgem.

Estratégias de autoproteção típicas de crianças-sombra rebeldes

A criança-sombra autônoma ou rebelde tem dificuldade de confiar nas pessoas, por isso aposta em autonomia, autoafirmação e controle. Suas estratégias de autoproteção sempre têm como objetivo a manutenção de certa distância segura dos outros. Ao contrário da criança-sombra ajustada, que busca proximidade, a rebelde prefere distância.

Vale ressaltar novamente que cada pessoa carrega em si características de adequação e de autonomia, dispondo tanto de estratégias de autoproteção ajustadas quanto de estratégias autônomas. Também podemos estar mais próximos do polo de adequação em determinada relação e mais próximos do polo de autonomia em outra.

O ideal é acharmos um equilíbrio saudável entre esses dois polos.

Sede de poder e obsessão por controle

Todos nós precisamos de poder e controle em maior ou menor medida, senão estaríamos à mercê do mundo. O controle é a resposta natural ao medo, e cabe lembrar que o importante é a intensidade com que exercemos nossa autoproteção. Algumas pessoas têm uma criança-sombra com grande sede de poder e uma necessidade excepcional de controle. Sua criança-sombra tem muito medo de se sentir inferior e impotente – como era com os pais. Ela pode perceber os outros como poderosos e se rebelar contra isso por meio do desejo de sempre estar no controle. Pessoas com sede de poder têm dificuldade de fazer concessões e seguem sua vontade de forma obstinada: não adianta implorar ou reclamar. Tais pessoas associam o ato de ceder a inferioridade e fraqueza, o que dificulta a convivência com elas.

Para tais crianças-sombra, não se trata somente de exercer poder e controle sobre os outros, mas também sobre si mesmas. Em geral, elas desenvolvem rituais e rotinas altamente disciplinados. Desejam ter tudo sob controle, de preferência à perfeição: o trabalho, o corpo, a casa, os filhos, etc. Não sabem delegar pois não confiam em ninguém. O controle, afinal, é o oposto da confiança. Em sua forma extrema, essa estratégia de autoproteção pode resultar em *casos patológicos de obsessão por controle ou mania de limpeza*.

Como você avalia sua necessidade de controle?

0 1 2 3 4 5 6 7 8 9 10

Tente se lembrar de uma situação em que você agiu movido por grande necessidade de controle ou poder. Quais medos estão por trás desse comportamento?

_____
_____
_____
_____

> Não tolero perder quando discuto com alguém. Quando isso acontece, me sinto burro e inferior.

Encontre no mínimo uma crença relativa a essa estratégia de autoproteção.

_____
_____
_____

🧰 PRIMEIROS SOCORROS

Faça sua criança-sombra ter consciência de que o mundo lá fora não é mamãe e papai. Tome consciência de que você está em pé de igualdade com os outros. Pense sobre qual seria o pior cenário possível se você abrisse mão do controle e se desapegasse das coisas. Imagine como sua vida poderia melhorar se você tivesse mais tempo para outras coisas. Reflita se sua obsessão por poder e controle realmente beneficia você.

Bloqueio e recusa

A estratégia de autoproteção de bloqueio (construir muros) e recusa está muito próxima da obsessão por poder e controle. Em muitas pessoas, a criança-sombra fica presa na idade dos ataques de birra. Elas brigam (inconscientemente) por autonomia e autodeterminação o tempo todo. Seus pais lhes deixaram pouco espaço para suas vontades próprias. A criança-sombra de tais pessoas sempre sente que alguém está mandando nela, que está sendo controlada ou ignorada. Até mesmo perguntas gentis e de interesse genuíno na pessoa ("Como foi seu dia?", por exemplo) podem ser interpretadas por tais pessoas como tentativa de controle. Em tais casos, elas reagem com *resistência ativa* e/ou *passiva*. A resistência ativa se caracteriza por insistir no seu direito, brigar, agredir. A resistência passivo-agressiva se dá por meio de pequenos ou grandes atos de sabotagem. A pessoa pode, por exemplo, não cumprir uma promessa que fez. Fica "enrolando" ou simplesmente "esquece" de fazer o que esperam dela. Jogar o outro na fogueira, esconder-se atrás de um muro e ignorar também são manobras típicas da resistência passiva. Na resistência passiva, a pessoa sai de fininho em vez de assumir a responsabilidade por sua recusa. Pessoas cuja autoproteção se baseia em construir muros e recusar-se a fazer as coisas têm dificuldade de lidar com as expectativas dos outros. Sua criança-sombra acredita que deveria satisfazer todas as expectativas alheias, mas rapidamente sente que estão mandando nela e acaba se recusando.

Quais emoções e pensamentos o tema "expectativas dos outros" evoca em você? Anote-os aqui.

_____

_____

_____

_____

> Expectativas me causam aperto no peito. Tenho medo de ser manipulado e dominado. Quando satisfaço as expectativas da Selma, às vezes sinto como se ela estivesse mandando em mim. Aí fico irritado e faço exatamente o contrário do que ela gostaria.

Que tipos de resistência passiva você conhece (adiar, se recusar, se fechar, se calar, se esconder, esquecer)?

_____

_____

_____

_____

Escreva no mínimo uma crença que pode estar ligada à sua estratégia de autoproteção de bloqueio e recusa.

_____
_____
_____
_____

> *Sou responsável pela sua felicidade!*

🧰 PRIMEIROS SOCORROS

Lembre sempre à sua criança-sombra que vocês já são adultos e não precisam se defender da dominação da mamãe e do papai. Agora você está em pé de igualdade com os outros.

Atacar e exigir

Nesta estratégia de autoproteção, exerce-se resistência ativa: o ataque se propõe a uma agressão real ou aparente. Trata-se de uma estratégia praticamente oposta à obsessão por harmonia. Agressão e ataque têm, como a maioria das estratégias de autoproteção, um caráter ancestral. Temos um forte instinto de sobrevivência, que nos obriga a atacar. Com o auxílio da agressividade, protegemos nossas fronteiras – e, em casos extremos, nossa vida. Neste século XXI, cabe nos questionarmos o que encaramos como agressão. Pessoas inseguras se sentem rapidamente agredidas. Por causa dos sentimentos de inferioridade de sua criança-sombra, comentários e ações alheios são mal interpretados e rapidamente julgados como desrespeitosos e intencionais. Sua criança-sombra se ofende fácil, o que pode desencadear sentimentos colossais de raiva. Muitas pessoas que se defendem depressa, em geral depressa demais, têm uma predisposição *impulsiva* e uma resposta emocional muito rápida, como no caso de Miguel com o refrigerante.

Outra estratégia de autoproteção que pode vir combinada com a de agressão-ataque é a exigência. É quando alguém reivindica seus direitos (reais ou supostos) de forma bastante enérgica e autoritária, pois vive com o medo crônico de que lhe passem a perna. Sua criança-sombra sempre acha que está em desvantagem e sendo diminuída. Caso sua criança-sombra realmente tenha sido deixada de lado na infância, tais pessoas exigem mais do que dão na vida adulta. Seu jeito dominador e exigente sobrecarrega suas relações interpessoais.

Tente observar se por trás da raiva que você sente se esconde um sentimento de ofensa. Anote no mínimo duas situações em que você tenha se sentido ofendido e reagiu com raiva.

_____

_____

_____

_____

Como você se posicionaria na seguinte escala?

| EVITO CONFLITO A TODO CUSTO | .... | SOU EXTREMAMENTE EXIGENTE |

Encontre no mínimo uma crença relativa a essa estratégia de autoproteção.

_____

_____

_____

🧰 PRIMEIROS SOCORROS

Você é um guerreiro nato e já alcançou muitas coisas na vida, mas pega pesado às vezes. Fique atento à sua criança-sombra para diferenciar melhor exigências adequadas de exageradas. Também pode ser que você exija mais do que dá. Você não vai perder nada se formular seus pedidos amigavelmente.

Racionalização e intelectualização

Quem não tem sentimentos não sofre. A estratégia de autoproteção da racionalização bloqueia emoções consideradas fracas, tornando as pessoas invulneráveis. Como todas as estratégias, a princípio é uma medida positiva, pois o distanciamento criado permite esfriar a cabeça. Costuma ser muito usada por homens, de forma inconsciente, para se protegerem de emoções supostamente fracas (medo, desamparo, tristeza, etc.). A razão por trás disso é o tipo de socialização à qual os submetemos, pois só passamos a aceitar que homens chorem e sintam sentimentos "fracos" nos últimos 20 anos. A autoproteção leva meninos e homens à objetificação e à repressão desses sentimentos. Eles reduzem tudo e todos à sua volta a princípios lógicos. Além disso, os homens já têm uma predisposição genética à objetificação, pois, na história evolutiva humana, precisavam caçar e não podiam ficar nervosos. Também há mulheres, é claro, que agem de forma mais objetiva e racional.

O problema dessa estratégia é que a repressão constante de sentimentos de medo, desamparo, vergonha e tristeza leva à incapacidade de refletir sobre eles. A frustração reprimida pode ser liberada na forma de agressividade – uma emoção forte que homens em geral sabem tolerar melhor. Tanto homens quanto mulheres que usam essa estratégia podem endurecer por dentro e ter dificuldade de sentir empatia, já que a empatia pressupõe que possamos nos conectar com nossas emoções. A busca objetiva por soluções rápidas e racionais não serve de nada nas dificuldades de relacionamento. Para alcançar uma compreensão mais profunda de si mesmas e dos outros, essas pessoas precisam se conectar com suas emoções "fracas" e se permitir senti-las.

Você se identifica com esse tipo de autoproteção? Anote seus pensamentos sobre isso.

_____
_____
_____
_____
_____

Quais emoções você tem dificuldade de se permitir sentir (vergonha, medo, raiva, tristeza, alegria, amor)?

_____
_____

Como seus pais lidavam com tais emoções?

_____
_____
_____
_____
_____

Como você classificaria sua capacidade de sentir empatia?

0   1   2   3   4   5   6   7   8   9   10

Identifique no mínimo uma crença relativa a essa estratégia de autoproteção.

_____
_____
_____
_____

PRIMEIROS SOCORROS

Ao longo do dia, faça algumas pausas para se perguntar: "Como estou me sentindo neste momento?" Você pode usar um anel, uma pulseira ou um relógio específico como lembrete para fazer este exercício. Permita-se sentir emoções "fracas" – você verá que conseguirá mantê-las sob controle. Não é preciso permanecer muito tempo em tais emoções; o objetivo é apenas mapeá-las.

Depreciação e arrogância

Quem nunca falou mal de alguém que atire a primeira pedra! Gostamos de fofocar, pois satisfaz nossa curiosidade. Todos nós conhecemos o ímpeto incontrolável de depreciar um pouquinho aquela pessoa que consideramos mais forte ou mais bonita. Sentimentos de inferioridade nos causam medo, daí a necessidade de tentar diminuir a pessoa supostamente superior como forma de compensá-los. Algumas pessoas, porém, usam essa estratégia de forma desmedida, depreciando os outros com muita frequência e intensidade. Adotam um posicionamento arrogante e (pseudo)superior que lhes dá a sensação de segurança. Por trás dessa estratégia tóxica costuma se esconder uma criança-sombra humilhada que não acredita no próprio valor.

Pense nas pessoas de quem você gosta de falar mal e tente entender qual seria a possível relação delas com sua criança-sombra.

_____

_____

_____

_____

> Gosto de criticar meus colegas de trabalho. Minha criança-sombra tem muito medo de fracassar e se sente ameaçada pelos concorrentes.

Qual crença pode estar relacionada a essa estratégia de autoproteção?

_____

_____

🧰 PRIMEIROS SOCORROS

Tente lidar de forma mais gentil e tranquila com seus pontos fracos. Por trás de sua postura arrogante se esconde uma criança-sombra triste que anseia por reconhecimento. Entre em contato com ela e olhe-a com empatia.

Caso sinta o ímpeto de falar mal de alguém, tente entender a ligação emocional entre esse desejo e sua criança-sombra. Ela acredita que os outros têm más intenções? Ela tem inveja dos outros? Ela acha que a menosprezam?

Escreva suas estratégias de autoproteção pessoais

Você talvez conheça muito bem algumas das estratégias de autoproteção descritas e desconheça totalmente as outras. Talvez, ainda, você tenha uma estratégia que não mencionei. Não tem problema! Se realmente a identificou como estratégia de autoproteção, você deve considerá-la.

Escreva suas estratégias de autoproteção nos pés da criança-sombra, formulando-as de forma concreta. Se você tem uma tendência ao afastamento, por exemplo, não escreva simplesmente essa palavra, e sim: "Eu me refugio em jogos de computador." Ou: "Fico horas mexendo no carro." Ou: "Recuso convites para sair e depois fico me lamentando em casa." Escreva de forma concreta e use frases iniciadas com "Eu", que têm um efeito mais profundo do que palavras-chave abstratas.

SEGUNDO PASSO

FORTALEÇA SEU EGO ADULTO

Agora a imagem da sua criança-sombra está à sua frente. Acredite quando digo que todos os problemas que você tem consigo e com os outros derivam dessa imagem. A criança-sombra é um esquema para seu "software corrompido" que sempre lhe causa problemas.

Lidar com sua criança-sombra pode ter lhe causado certo mal-estar, mas essa sensação é necessária se quiser resolver seus problemas na raiz. Para tanto, você precisa de um ego adulto forte que lhe forneça apoio interno. Ele também ajudará você em um passo posterior, aceitando e consolando sua criança-sombra, pois acolhê-la amorosamente é um passo importante para a cura.

Se ainda tiver sentimentos da criança-sombra dentro de você, tente se libertar deles e ative conscientemente o modo ego adulto, que enxerga com clareza. Mudar sua posição no cômodo em que você está pode ajudar – por exemplo, sentando-se em outro lugar em vez de permanecer naquele onde você lidou com sua criança-sombra.

Talvez você ainda não acredite que, em última instância, todos os seus problemas (exceto fatalidades) partem da sua criança-sombra. Tente criar o hábito de analisar cada problema que aparecer com base na criança-sombra, suas crenças e estratégias de autoproteção, o que pode ser feito com a razão, ou seja, com o auxílio do adulto interior. Não é necessário mergulhar todas as vezes nos sentimentos da criança-sombra para compreender seus problemas no primeiro passo e resolvê-los no segundo passo.

Escolha um dos problemas que você escreveu no início do livro e analise-o com base em sua criança-sombra.

1. Seu problema em palavras-chave:

_____

_____

2. Quais crenças estão por trás do seu problema?

_____

_____

_____

_____

_____

3. Suas crenças conduzem você a quais suposições/interpretações do comportamento alheio e/ou da situação?

_____

_____

_____

_____

_____

4. Como você se sente quando pensa assim?

_____

_____

_____

5. Seus pensamentos e sentimentos levam você a qual comportamento (estratégia de autoproteção)?

___

1. Problema: Miguel e eu brigamos muito.
2. Não sou uma boa esposa, faço tudo errado!
3. Acho que Miguel merece alguém melhor e vai me deixar.
4. Medo da perda/tristeza.
5. Eu reclamo e o sufoco, fecho a cara e brigo.

IMPORTANTE

Tudo, tudo mesmo, que seu adulto interior precisa compreender é que essas crenças não dizem nada sobre seu valor. Elas expressam *exclusivamente* algo sobre a criação falha (ainda que tenha sido apenas parcialmente falha) que você recebeu! Se seus pais não estivessem tão sobrecarregados ou se você tivesse tido outros pais, você teria outras crenças e se sentiria melhor a respeito de tudo isso (meu objetivo em dizer isso não é condenar seus pais, pois eles também tiveram sua criança-sombra, e sim *compreender* a origem de suas crenças). Seu ego adulto, ou seja, sua razão, certamente concorda com isso. Você só precisa entender que não precisa mais se identificar com suas crenças fundamentais, pois, quando se identifica com elas, fica totalmente preso à criança-sombra, à "perspectiva de campo", ao seu filme pessoal. Nas próximas páginas vou lhe mostrar como mudar suas crenças, sua percepção, seus pensamentos e sentimentos.

Seu cinema 4D pessoal

Explicarei agora a diferença entre a perspectiva de campo e a perspectiva do observador a partir de um exemplo pessoal. Em 2015, visitei o estúdio de cinema da Bavaria Film, em Munique, onde tive a oportunidade de assistir a um filme em 4D. O 3D era apreendido com os óculos e a quarta dimensão consistia em movimentos da poltrona – havia até mesmo um cinto de segurança, como nos brinquedos de parques de diversões. O filme era uma animação de um passeio de trenó. A ilusão perfeita criava a sensação de que se estava sentado de fato no trenó. O cinema inteiro gritava de medo. Quando acabaram os cinco minutos de filme, pensei: É exatamente isso! Se eu quisesse desembarcar do sentimento de medo durante a exibição, teria que me deslocar da perspectiva de campo (Estou no trenó) para a perspectiva do observador (Estou no cinema) com a ajuda do meu ego adulto. Dessa nova perspectiva, seria possível ver que estou sentada sã e salva em uma poltrona de cinema e que o passeio de trenó não passa de uma projeção na tela.

A mesma coisa acontece com a criança-sombra: se estiver preso nela, você fica na perspectiva de campo e acredita em tudo que pensa e sente. Fica preso em seu passeio de trenó 4D pessoal. Caso se colocasse na perspectiva do observador, poderia reconhecer que está em segurança e que esses pensamentos e emoções constituem uma mera projeção do passado. Por exemplo, se sua criança-sombra tiver medo de rejeição na perspectiva de campo, o ego adulto poderia chegar à seguinte conclusão a partir da perspectiva do observador: "Caramba, lá vem minha criança-sombra de novo, sempre achando que vai ser rejeitada, porque mamãe sempre foi muito fria. Por isso ela projeta esse filme antigo nos outros e tem medo de que a rejeitem – como mamãe fazia. Mas o mundo lá fora não é a mamãe e já vivi muitas experiências que me mostraram que sou bem-vindo."

Com essa mudança de perspectiva, você consegue se distanciar do filme da criança-sombra. É necessário, porém, que o ego adulto tenha os argumentos prontos para garantir que se trata somente de um filme.

Diferencie sentimentos verdadeiros de falsos

O problema é que algumas pessoas se sentem insuficientes e sem valor também aos olhos do ego adulto, ou seja, têm dificuldade de se distanciar de sua criança-sombra mesmo a partir da razão. Daí a importância de fortalecer o adulto interior com argumentos lógicos. Argumentos ajudam a garantir a segurança dos pontos de vista e são, de certa forma, mais válidos que sentimentos – pelo menos mais válidos que sentimentos oriundos da criança-sombra, que não refletem de fato a realidade atual e não devem pesar em nossas decisões. A natureza, porém, nos criou para levarmos os sentimentos muito a sério e permitir que determinem nossas ações. E o motivo é: segundo a perspectiva evolucionista, cada sentimento tem uma razão de ser. O medo nos alerta de perigos; a raiva nos ajuda a defender nossas fronteiras; a tristeza evidencia que perdemos algo muito importante; a vergonha nos obriga à adequação às regras sociais, etc. Desde os primórdios da humanidade, somos profundamente condicionados a confiar em nossos sentimentos e agir com base neles. Nos tempos modernos, porém, as circunstâncias não são mais tão claras quanto na Idade da Pedra. Sentimentos oriundos da percepção distorcida da criança-sombra são péssimos conselheiros; não devemos agir com base neles e devemos resistir à nossa programação genética.

Escreva três situações em que seus sentimentos foram péssimos conselheiros.

1. _____
2. _____
3. _____

> 1. Eu era perdidamente apaixonada pelo Tomás e corri atrás dele, apesar de ele ser uma pessoa difícil e complicada.
> 2. Meu medo de fracassar tentou me convencer de que eu não entraria na universidade. Que bobagem!
> 3. Toda vez que entro em um avião tenho uma crise de pânico, mas sempre cheguei sã e salva ao meu destino.

⚠ IMPORTANTE

Tenha certeza de que sentimentos provenientes da sua criança-sombra mostram uma realidade falsa. Treine a voz dentro da sua cabeça para derrotar seus sentimentos. Talvez você se pergunte por que a paixão de Selma por Tomás é um sentimento da criança-sombra, e a resposta é a seguinte: porque a criança-sombra de Selma queria obter o reconhecimento de Tomás a todo custo. Na prática, ela confundiu o medo da rejeição (coração acelerado, agitação) com paixão.

Você pode estar se perguntando: Mas como eu faço para reconhecer o que é um sentimento real? Resposta: consultando a razão, ou seja, o ego adulto, pois ele sempre tem a resposta certa. Foi assim que Selma soube (por meio da razão) que seu desejo de se relacionar com Tomás era equivocado e que seus medos do fracasso e de avião são exagerados.

Pratique sua argumentação

Argumentos lógicos são de grande ajuda para obter uma visão clara e uma segurança dos próprios pontos de vista. Eles também são um grande apoio para nos distanciarmos dos sentimentos da criança-sombra. A validade dos argumentos pode ser facilmente verificada, e eles ajudam a diferenciar sentimentos adequados de inadequados. Somente quando o adulto interior puder ter pontos de vista seguros com base em argumentos é que ele poderá lidar com a criança-sombra e seus sentimentos. Nós ainda trabalharemos seus sentimentos negativos; inicialmente, porém, precisamos convencer o adulto dentro de você a tomar as rédeas da situação.

A seguir estão alguns argumentos que ajudarão você a criar certa distância entre sua criança-sombra e seu adulto interior:

- Nenhuma criança nasce com maldade. Não existem crianças más.
- Crianças às vezes são irritantes e difíceis, mas isso não afeta seu valor

de forma alguma. É responsabilidade dos pais decidir se querem para si a responsabilidade de serem pais – antes de terem filhos.
- As crianças na verdade *precisam* ser irritantes, pois são impotentes e necessitam sensibilizar os adultos de alguma forma para que atendam suas necessidades fundamentais. A configuração delas é "Sobreviver!", "Crescer!", "Aprender!". Se estiverem sobrecarregados, os pais devem buscar ajuda. Isso não cabe às crianças.
- É dever dos pais compreender os sentimentos e as necessidades da criança. Não é responsabilidade da criança entender e atender os sentimentos e as necessidades dos pais.
- É dever dos pais amar e acolher a criança neste mundo. Não cabe à criança se comportar de determinada maneira como condição para ser amada pelos pais.

Encontre três argumentos pessoais para sua criança-sombra que fortaleçam seu adulto interior.

1. _____
   _____
2. _____
   _____
3. _____
   _____

Agora escreva suas crenças fundamentais e, com a ajuda do seu adulto interior, encontre argumentos que contestem essas crenças. Algumas sugestões e exemplos:

Não sou bom o suficiente: O que isso quer dizer? Você só é bom o suficiente quando tem um bom desempenho? Ou só é bom o suficiente quando tem um desempenho *perfeito* e *não* comete erros? Liste situações nas quais você se saiu bem. Liste pessoas para as quais você é bom o suficiente. De onde vem essa crença – quem convenceu você disso ou a transmitiu para você?

A culpa é minha: Você tem culpa de quê? De onde vem tal crença? Sua mãe ou seu pai ficavam tristes quando você não correspondia às expectativas deles? Seu propósito no mundo é agradar as pessoas? Quando criança, você é responsável por seus pais estarem bem? Como adulto, você é responsável por fazer seu parceiro feliz? Ou cada um é responsável pelo próprio humor e os próprios sentimentos? Lembre-se: quem não pode nunca decepcionar jamais será uma pessoa livre. Você tem o direito de impor limites.

Preciso atender as suas expectativas: De onde vem tal crença? O que ela significa, em última instância? O que você faz quando há 20 pessoas em um ambiente e cada uma delas tem uma expectativa diferente em relação a você? Quais expectativas você projeta em seu parceiro ou em outra pessoa? O que aconteceria se você não atendesse as expectativas dessa pessoa? Isso *realmente* aconteceria? Nesse caso, como você sobreviveria?

1. _____

2. _____

3. _____

Pegue-se no flagra!

Quando está preso na perspectiva de campo da criança-sombra sem sequer perceber, você vivencia seu passeio de trenó 4D pessoal e acredita em tudo que sente e pensa. O essencial para desembarcar desse filme é *se pegar no flagra*. Pegar-se no flagra é mais fácil quando você foca em seus sentimentos, pois eles penetram na sua consciência de forma mais rápida. Quando estamos com raiva, tristes, com vergonha ou com medo, geralmente o motivo tem a ver com a criança-sombra.

Anote em palavras-chave três situações típicas da sua vida nas quais a criança-sombra se encontra ativa. Escreva como você se sente nessas situações. Anote também pelo menos uma crença que corresponda a cada situação.

_____
_____
_____
_____
_____
_____
_____
_____
_____

1. A Selma esquece de comprar algo importante para mim. Fico ofendido e com raiva.
   (Crença: Não sou importante!)
2. Meu chefe ignora minhas sugestões. Fico com vergonha e me sinto insignificante e burro.
   (Crenças: Não sou bom o suficiente! Não sou importante!)
3. Minha mãe me pressiona para que eu lhe dê netos. Fico irritado e mal-humorado.
   (Crenças: Não posso decepcionar! Sou responsável pela sua felicidade!)

Para cada uma das situações, encontre argumentos da perspectiva do adulto interior que se oponham à criança-sombra, mostrando que ela está objetivamente errada e que você não precisa se sentir assim nessa situação.

1. _____
   _____
   _____

2. _____
   _____
   _____

3. _____
   _____
   _____

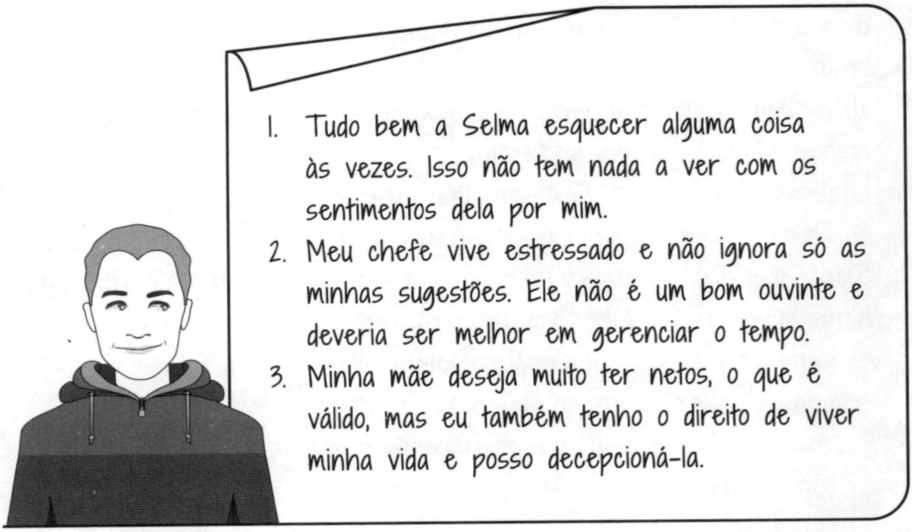

> 1. Tudo bem a Selma esquecer alguma coisa às vezes. Isso não tem nada a ver com os sentimentos dela por mim.
> 2. Meu chefe vive estressado e não ignora só as minhas sugestões. Ele não é um bom ouvinte e deveria ser melhor em gerenciar o tempo.
> 3. Minha mãe deseja muito ter netos, o que é válido, mas eu também tenho o direito de viver minha vida e posso decepcioná-la.

As duas posições da percepção: pegar-se no flagra e mudar

Este exercício tem como objetivo separar a criança-sombra do ego adulto para que não se misturem constantemente em sua percepção.

Escolha uma das situações que você escreveu nos exercícios anteriores ou um dos problemas que registrou no início do livro. Este exercício é a *base* para a análise e a solução de todos os seus problemas pessoais.

1. Entre conscientemente no modo criança-sombra. Observe e sinta a situação a partir da perspectiva dela, ou seja, da perspectiva de campo. Diga em voz alta como sua criança-sombra percebe a situação, como a interpreta e como ela se sente.
2. Desembarque dos sentimentos da criança-sombra distraindo-se com outra coisa e/ou usando a técnica de dar tapinhas no corpo todo.
3. Sente-se em outro ponto do mesmo cômodo e entre conscientemente no modo adulto. Assuma a perspectiva do observador e veja seu problema ou situação de fora, com distanciamento. Primeiramente tranquilize sua criança-sombra: *Querida criança-sombra, eu ouvi você e a ajudarei a resolver seu problema. A partir de agora, eu, uma pessoa adulta, assumirei a responsabilidade e você pode relaxar!*
4. Analise a situação a partir desse olhar externo. Imagine que você é um juiz ou uma juíza e precisa julgar este "caso". Você pode até imaginar que a situação não diz respeito a você e à sua criança-sombra, mas a outra pessoa, o que talvez ajude a olhar a situação com maior distanciamento.
    - Como você percebe sua criança-sombra ao olhá-la de fora?
    - Analise seus motivos, sentimentos e comportamentos.
    - Você acha que os sentimentos e o comportamento da sua criança-sombra são adequados à situação?
    - Formule seu veredicto.
5. Ao terminar a análise, dê a si mesmo, na qualidade de *coach pessoal*, orientações sobre como você poderia ter lidado melhor com a situação ou como poderá fazer diferente no futuro. Assegure novamente à sua criança-sombra

que você, o adulto interior, assume a responsabilidade daqui em diante e que ela pode ficar tranquila.

MUITO IMPORTANTE

Pegar-se no flagra e *mudar* são a base para qualquer transformação e para a solução de problemas pessoais. Muitas vezes basta se pegar no flagra e se distanciar internamente dos pensamentos e sentimentos da criança-sombra, o que pode ser feito percebendo que você se encontra preso em "seu filme antigo", que não tem nada a ver com o presente.

Sol, luz e calor para a criança-sombra

A imaginação nos afeta quase tanto quanto a realidade, pois nosso cérebro não sabe diferenciá-las muito bem. É enorme o poder de convencimento das situações imaginadas quando você projeta cenários apocalípticos, que podem desencadear sentimentos ruins imediatamente. Por outro lado, o mesmo acontece com imagens e pensamentos positivos. Visualize, por exemplo, uma pessoa amada ou sua comida preferida – provavelmente você será imediatamente tomado por um sentimento acolhedor. É por isso que visualização de imagens e hipnose são terapias eficazes. O exercício a seguir se baseia nesses métodos. O objetivo é mudar seus sentimentos negativos instantaneamente.

1. Fique de pé em um ponto do mesmo cômodo. Feche os olhos ou baixe o olhar para se conectar profundamente com seus sentimentos. Firme ambos os pés no chão. Sinta sua criança-sombra; para isso, você pode pensar em um dos problemas que escreveu no primeiro exercício do livro.
2. Imagine estar sendo banhado pela luz do sol. Sinta a luminosidade sobre sua cabeça, passando para os ombros e os braços e cobrindo o corpo inteiro. Sinta-a enquanto é envolvido em uma camada de luz. Perceba o calor e deixe-o penetrar em você. Inspire e expire profundamente e conecte-se com a

força do sol, da natureza ou com um poder superior. Levante os braços para o céu e imagine uma energia de cura preenchendo cada célula de seu corpo.

Você pode carregar essa energia calorosa e essa camada de luz sempre consigo.

Acolha sua criança-sombra

Você já aprendeu muito até aqui: compreendeu sua criança-sombra, com suas crenças obstrutivas e suas estratégias de autoproteção, e fortaleceu seu adulto interior. Já sabe diferenciar a criança-sombra do adulto interior, colocando-se na primeira e na segunda posições da percepção, e treinou seus argumentos lógicos. Você adquiriu um conhecimento substancial sobre como acalmar a criança-sombra e como desembarcar de sentimentos negativos. Agora chegou o momento de colocar em prática esse conhecimento para que você possa se comunicar diretamente com sua criança-sombra e consolá-la. O ego adulto será necessário aqui, pois ele sabe que suas crenças negativas não são a verdade, e sim resultado de sua criação. Sua criança-sombra provavelmente ainda não se convenceu disso, tendo em vista que os condicionamentos antigos deixaram marcas fortes em seus sentimentos. É por isso que você deve acessá-la em um nível emocional, o que só é possível se aceitá-la.

Aceitar sua criança-sombra é um passo essencial para a cura. Quando dizemos sim para algo, nossa resistência interna se dissolve. Quando reconhece em um nível mais profundo que essas feridas existiram, você reconhece a si mesmo. Porém, se você reprime a criança-sombra e suas mágoas, perpetua a injustiça que seus pais lhe causaram: seus sentimentos e suas mágoas internas são ignorados e negados. Curar significa tornar-se inteiro. Ao aceitar esse componente da sua personalidade, você se torna inteiro. Quando a criança-sombra encontra um lar em você, ela sai daquele lugar sombrio e ameniza os sentimentos fortes e as programações destrutivas. Quanto mais segura ela se sentir, mais tranquila ela ficará.

1. Feche os olhos e entre em contato com sua criança-sombra mentalmente. Para isso, fale suas crenças negativas em voz alta e conecte-se com elas. Pode ser mais fácil acessar sua criança-sombra relembrando uma situação, seja da infância ou da vida adulta, e sentindo como sua criança-sombra se sente nessa situação. Ao fazer isso, talvez surjam sentimentos familiares como medo, aperto no peito, raiva, tristeza ou vergonha. Sua criança-sombra fica evidente nesses sentimentos.
2. Respire fundo, com a barriga, e diga a si mesmo: *Sim, esta é minha criança-sombra. Minha pobre criança, agora você pode simplesmente estar aqui. Eu a enxergo e a levo a sério. Eu acolho você!*
3. Continue se concentrando na respiração. Tenha empatia com sua criança-sombra e diga que de agora em diante ela será acolhida. Diga que ela nunca mais estará sozinha e que você, o adulto interior, a pegará pela mão e lhe explicará o mundo para que ela saiba que é perfeita do jeito que é.

Você vai perceber que quanto mais aceitar sua criança-sombra, mais calma ela vai ficar. Ela se sentirá vista e acolhida.

Incorpore esse exercício à sua rotina e repita-o sempre que possível.

Não quero saber da minha criança-sombra!

Há pessoas que têm dificuldade de acessar sua criança-sombra – seria tão doloroso que preferem não reconhecê-la em si. Seu desejo é eliminá-la, mas isso significaria perpetuar a injustiça cometida por seus pais (de forma não intencional). Essa injustiça consistiu em ignorar ou condenar certos sentimentos, necessidades e características. Quanto mais você reprimir sua criança-sombra, menos poderá regulá-la. Ela continuará agindo nas profundezas e você não conseguirá pegá-la no flagra, o que perpetuará o poder dela sobre você. Aceitar a criança-sombra não implica ter que senti-la o tempo todo. Pelo contrário: quando a aceitamos, conseguimos reconhecê-la e aplacá-la muito mais depressa, desembarcando do modo criança-sombra.

Se estiver com dificuldade de aceitar sua criança-sombra, tente fazer o seguinte exercício:

1. Coloque um bicho de pelúcia, uma boneca ou uma almofada em uma cadeira, como símbolo da sua criança-sombra, e sente-se de frente para ela. Diga com firmeza: "Não quero ter nada a ver com você! Você só me causa problema e estresse!"
2. Sente-se no lugar da criança-sombra e sinta como ela recebe tudo isso. Sinta como ela é afetada por sua rejeição. Elabore tais pensamentos, de preferência em voz alta, para que ela possa abrir sua alma. Deixe que ela diga como se sente ao saber que o adulto em você não quer saber dela.
3. Agora saia do modo criança-sombra e sente-se novamente no lugar do adulto. Depois de ver como ela se sentiu, você vai manter sua postura de rejeição? Ou será que há uma solução melhor?

Se você permanecer na postura de rejeição, sua criança-sombra carregará mágoas muito profundas. Eu realmente não acredito que suas feridas vão se intensificar caso você a reconheça e assuma a responsabilidade por seus sentimentos. Talvez você possa pensar em buscar apoio na psicoterapia. Um(a) profissional compreensivo(a) acompanharia você nessa jornada.

Console sua criança-sombra

Agora vamos avançar mais um passo. Seu ego adulto vai falar com sua criança-sombra e explicar a ela como era a vida com a mamãe e o papai. O adulto consegue enxergar que a criança-sombra é inocente e que não tem culpa de suas crenças e seus sentimentos negativos. O adulto tem a capacidade de compreender que a criança-sombra expressa condicionamentos da infância, pois os próprios pais também carregavam sua criança-sombra dentro de si.

O adulto tem, portanto, a capacidade de consolar e conduzir a criança-sombra.

1. Visualize mentalmente sua criança-sombra. Talvez você possa pegá-la no colo. Ver uma foto sua de criança pode ajudar, ou você pode colocar um bicho de pelúcia na sua frente representando sua criança-sombra.

2. Conduza seu ego adulto a uma postura acolhedora e amável. Você está representando uma boa mãe ou um bom pai para sua criança-sombra. Se você tiver filhos, provavelmente será mais fácil adotar essa postura. Se não tiver, imagine simplesmente que está falando com uma criança pequena amedrontada e triste. Caso ache difícil adotar uma postura amável com sua criança-sombra, imagine uma criança qualquer que esteja triste e assustada, talvez por medo de outras crianças não quererem brincar com ela. Como você a consolaria? Você diria "Pare de frescura!"? Ou a encorajaria, a pegaria pela mão e iria com ela até as outras crianças? Provavelmente a segunda opção. Você pode transferir essa postura acolhedora e gentil para o trato com sua criança-sombra. Treine também sua capacidade de gentileza e empatia consigo mesmo. Gentileza e empatia vão curar sua criança-sombra.
3. Agora você vai explicar à sua criança-sombra como era a situação com mamãe e papai antigamente. Diga que eles também carregavam dentro de si sua criança-sombra e que cometeram erros por causa disso. Diga que seu objetivo não é responsabilizar e culpar seus pais, mas levar você, o adulto, a *entender* por que a criança-sombra se sente tão inferiorizada e tão mal. Faça-a compreender que foram mamãe e papai que cometeram erros e que ela é inocente.
4. Imagine agora que seus pais foram completamente *saudáveis* emocionalmente e que fizeram tudo certo. Talvez seja mais fácil imaginar outros pais. Com eles, você saberia...
    - que seus pais estão muito orgulhosos de você,
    - que são muito felizes por você existir,
    - que não trocariam você por criança nenhuma deste mundo,
    - que você é uma pessoa perfeita do jeito que é,
    - que você pode ter vontades próprias,
    - que tem direito a ter seus sentimentos.

    Acrescente outras coisas importantes para você.

- _____
- _____

- _____
- _____
- _____
- _____
- _____
- _____
- _____

🚧 IMPORTANTE

A partir de agora, você vai garantir que a criança-sombra não detenha as rédeas das suas ações. Ela pode ficar apreensiva e assustada, fugir da situação ou atacar, mas o adulto determina o que deve ser feito. É como agimos com crianças pequenas na vida real. Quando o filho não quer ir ao dentista, a mãe carinhosamente o ajuda a enfrentar seu medo. A criança não tem o poder de cancelar a visita ao dentista, assim como não está autorizada a matar aula só porque não está com vontade de ir para a escola. Com a criança-sombra é bem parecido: você a ouve e lhe dá o direito de falar sobre seus medos e preocupações, mas no fim é você quem decide o que será feito, com base na razão e em argumentos lógicos.

As três posições da percepção

No exercício "Pegar-se no flagra e mudar", ocupamos duas posições da percepção: (1) a perspectiva de campo (eu me identifico com minha criança-sombra); e (2) a perspectiva do observador (eu me identifico com meu ego adulto e avalio meu comportamento pelo lado de fora).

Existe mais uma posição: eu me coloco no lugar do outro. Essa posição vai passar a ser a segunda, entrando entre a perspectiva de campo e a perspectiva do observador. Assim:

1. Primeira posição, a perspectiva de campo. Eu me identifico com minha criança-sombra.
2. Segunda posição, a perspectiva empática. Eu me identifico com os desejos e as necessidades do outro.
3. Terceira posição, a perspectiva do observador. Eu estou de fora e vejo a mim mesmo e meu interlocutor pelo olhar do ego adulto.

A segunda posição passa a ser a perspectiva empática, que é crucial para uma comunicação bem-sucedida. Algumas pessoas têm bastante dificuldade em se colocar na posição do outro. Elas geralmente se encontram na primeira posição, identificando-se somente consigo mesmas e com as próprias necessidades. Não conseguem sair de sua perspectiva e adotar a do outro. Sua criança-sombra tende para a *autonomia*.

Já outras pessoas se encontram a maior parte do tempo na segunda posição: estão sempre atentas aos outros, sentem o que eles desejam. Acabam se colocando em segundo lugar em questão de prioridade, deixando de lado os próprios desejos e necessidades. Sua criança-sombra tende para a *adequação*.

Por fim, algumas pessoas se encontram a maior parte do tempo na terceira posição: mantêm certa distância de si e seus sentimentos (primeira posição) e também uma distância crítica dos outros (segunda posição). São muito racionais e com poucas oscilações emocionais. Muitas vezes sofrem de certa anestesia emocional.

Conecte-se com seus sentimentos para responder às perguntas a seguir: Qual posição você adota com mais frequência? Sua criança-sombra busca mais autodeterminação e autonomia? Ou tem medo de rejeição e de perdas? Ou você oscila entre esses polos? Será que você se encontra geralmente na segunda posição e sente que é mais observador de sua vida em vez de participar ativamente dela? Ou você se move com facilidade entre as três posições e consegue observar uma mesma situação a partir de várias perspectivas?

Escolha um conflito que você tenha com alguém, seja no âmbito profissional ou pessoal. Pense em uma situação concreta que tenha acontecido. Para este exercício, em que você vai aprender a técnica, recomendo que escolha um conflito leve ou moderado.

1. Entre na primeira posição da percepção. Como sua criança-sombra se sente quando está frente a frente com essa pessoa? O que ela pensa? Como age? Depois de sentir sua criança-sombra e se conectar o suficiente com ela, livre-se de todos os sentimentos ruins.
2. Vá para outro ponto do mesmo cômodo e entre na segunda posição da percepção. Qual efeito você tem sobre essa pessoa? Como ela se sente frente a frente com você? Tente se colocar no lugar dela o máximo que conseguir e veja a si mesmo pelo olhar dela. Conecte-se com os sentimentos dela. Depois de se conectar o suficiente com a situação dessa pessoa, liberte-se desses sentimentos.
3. Agora entre na terceira posição da percepção, a do adulto interior. Olhe de fora para vocês dois. Como você analisa a situação? Qual sua conclusão sobre o conflito que vocês vêm enfrentando? Que conselho você daria a vocês?

IMPORTANTE

Pessoas que conseguem se adequar ou se diferenciar transitam com facilidade entre as três posições sem, é claro, precisar mudar de lugar fisicamente. Trata-se do posicionamento interno. Na primeira posição, elas conseguem permanecer em si mesmas e se diferenciar; na segunda, conectam-se com os sentimentos do outro; e, na terceira, a situação é analisada de forma objetiva e racional. Quem faz isso com êxito é, em geral, uma pessoa equilibrada e capaz de se relacionar bem com os outros.

Diferencie fato de interpretação

Quando estamos presos na perspectiva da criança-sombra, ficamos pequenos. Ela ficou presa na infância e não entendeu que essa época já passou. Os sentimentos da criança-sombra consistem em feridas antigas que são eternamente atualizadas – e não pelos acontecimentos em si, como queremos acreditar, mas pela forma como *interpretamos* os acontecimentos. Isso já foi explicado à luz do exemplo de Miguel e Selma. Não foi o refrigerante esquecido que deixou Miguel tão bravo, mas a interpretação que ele fez do incidente: Não sou importante! Não sou bom o suficiente! E em um segundo Miguel achou que Selma não o amava. É o que chamamos na psicologia de *projeção*. A criança-sombra de Miguel está convicta de que não é boa o suficiente. E projeta tal crença em Selma. A prova disso é o fato de ela ter esquecido de comprar o refrigerante.

Quando ficamos presos na perspectiva de campo da criança-sombra, tendemos a perceber os outros como maiores, mais fortes e melhores que nós. Projetamos neles uma superioridade.

Além disso, o olhar da nossa criança-sombra relaciona todos os acontecimentos lá fora conosco. Se uma colega de trabalho estiver mais fria e distante, a criança-sombra pensa e sente: Ela não gosta de mim (em vez de concluir que, digamos, ela está tendo um dia ruim). A criança-sombra – como todas as crianças – *percebe* as coisas de forma *egocêntrica*. Ela acha que é a causa do comportamento dos outros em relação a ela. Crianças pequenas sempre acham que são a causa primeira dos acontecimentos à sua volta. Quando os pais discutem, a criança de 4 anos pensa: Estão brigando assim porque não comi tudo. Se o pai bate nela, ela pensa que é porque tirou uma nota ruim (em vez de pensar que o pai é agressivo). Quando a mãe sorri para ela, ela pensa que é uma criança boa e bem-comportada. E por aí vai. Pode-se falar em *autoestima espelhada*. Formamos nossa autoestima, desde que nascemos, a partir do espelho dos outros. Quando a mãe sorri, a criança se sente bem e aceita, mas, quando faz cara de brava, a criança se sente mal e rejeitada. Tais condicionamentos permanecem por toda a vida.

Por isso é importante diferenciarmos fato de interpretação. Fatos podem ser percebidos pelos outros. Se a colega de trabalho não sorri e somente acena com a cabeça quando você fala com ela, esse comportamento é observável por terceiros. Mas permanece a pergunta: Como interpreto esse comportamento? Ela está tendo um dia difícil? Está com dor de cabeça? É uma pessoa introspectiva? Estava distraída? Está com raiva de mim? Ela não lida bem com situações sociais?

Escolha uma situação da sua vida que mostre um problema/conflito com alguém e a analise da seguinte forma:

O comportamento de _____.

Minha interpretação de seu comportamento:

_____
_____
_____
_____

Quais crenças minhas se relacionam com tal interpretação?

_____
_____
_____
_____
_____

Como me sinto quando penso assim?

_____
_____
_____

Tente encontrar pelo menos três explicações alternativas para o comportamento dessa pessoa.

_____
_____
_____
_____
_____
_____

Você pode analisar outras situações a partir dessa estrutura. Quanto mais fizer isso, mais fácil será diferenciar os fatos de sua interpretação pessoal.

Liberte-se do espelho da autoestima

Agora tomaremos um atalho para nos libertarmos do espelho da autoestima das projeções. Trata-se de deixar o comportamento de outra pessoa nela mesma – em vez de sempre relacioná-lo a nós. Isso se aplica inclusive a situações difíceis, como separações. Muitas pessoas que foram deixadas por um parceiro com medo de compromisso sabem, racionalmente, que o outro não tinha condições de ter relacionamentos duradouros, mas a criança-sombra dentro delas sente: Não sou desejada! Nosso condicionamento profundo da autoestima espelhada entra em ação. O coração partido nos destrói tanto porque nos sentimos rejeitados e achamos que fracassamos. Em geral, realmente cometemos erros no relacionamento. Talvez tenhamos sido muito exigentes ou complicados ou pegajosos ou mal-humorados. Talvez o outro tenha terminado o relacionamento porque o traímos. Nossa razão então pensa: A culpa é minha – se eu não tivesse feito isso, talvez ainda estivéssemos juntos. Pode até ser verdade, porém isso não diminui em nada nosso valor como pessoa. No máximo, diz algo sobre nosso comportamento. Meu querido colega Jens Corssen sempre diz: *Você é uma estrela brilhante desde o nascimento!* Mas às vezes você se comporta de forma desfavorável. Se assumimos a responsabilidade por nosso comportamento desfavorável, podemos nos aprimorar e crescer. Assumimos, assim, a responsabilidade *por nossa parcela no relacionamento*. Se aprendemos uma lição, temos boas chances de ser mais felizes no relacionamento seguinte.

Envolvimentos amorosos sempre têm a mesma dinâmica: quando a relação é complicada, serve como adubo para nossa criança-sombra (e para a do parceiro). Se tendemos à impulsividade, estaremos sempre tomando decisões erradas sem pensar; se somos melancólicos, ficaremos deprimidos, etc.

É por isso que é tão importante treinar como *separar nossas parcelas das parcelas do outro*. Só assim poderemos nos libertar desse emaranhado. Isso vale para todos os relacionamentos, não só os amorosos.

Entre na terceira posição da percepção, ou seja, na perspectiva do adulto interior, e pense em uma pessoa que fez algo que ofendeu você (não precisa se tratar de um relacionamento amoroso). Observe tal pessoa mentalmente a partir de um lugar distante.

1. Analise quais são as parcelas *dessa pessoa* no comportamento dela. Deixe o comportamento e a parcela dela somente com ela. Imagine uma parede de vidro entre vocês dois, para retirar a si mesmo do emaranhado de atitudes e responsabilidades.
2. Analise agora quais são as suas parcelas e deixe-as com você, assumindo a responsabilidade por elas. Talvez você não ache nenhuma parcela que lhe pertença. Nesse caso, deixe o comportamento do outro exclusivamente com ele.
3. Reflita sobre o comportamento do outro e analise se ele *realmente* diz algo sobre sua autoestima. Talvez ele somente diga respeito ao fato de que você também pode ter contribuído com sua parcela para o conflito (ou para o término do relacionamento).
4. Deixe o calor e o sol banharem você e sua criança-sombra.

No dia a dia, tente sempre separar as próprias parcelas de responsabilidade das do outro. Fique atento para não fazer sua autoestima depender dos comportamentos alheios. Retire-se do espelho da autoestima.

Estratégias da criança-sombra para o dia a dia

Os exercícios propostos até aqui pressupõem que você reserve algum tempo para fazê-los. Afinal, têm como objetivo a cura da criança-sombra de modo permanente. Nem sempre, porém, temos tempo no dia a dia para conduzir longas conversas com a criança-sombra ou para entrar nas três posições da percepção. Em situações difíceis, nas quais você se pega no flagra e percebe que a criança-sombra está atuante, são necessárias pequenas intervenções para regulá-la. Trago aqui somente algumas estratégias simples para o dia a dia, mas fique à vontade para bolar suas próprias estratégias. O importante é reunir algumas estratégias especiais para você, anotá-las e tê-las prontas para usar sem precisar refletir muito sobre isso.

Frases positivas

Muitas vezes, pequenas frases encorajadoras já são o suficiente para acalmar a criança-sombra e entrar em outro estado de espírito. Digamos que você se pegue no flagra ofendido com uma pequena crítica. Nesse caso, você poderia dizer à criança-sombra: "Está tudo bem, somos ótimos mesmo tendo cometido um erro!" Ou então, caso se perceba se sentindo inferior a alguém, diga a si mesmo: "Minha querida criança-sombra, ele não é mamãe/papai e nós já somos grandes, estamos em pé de igualdade com os outros!"

Por vezes, simplesmente animar a criança-sombra fazendo-lhe um afago ou pegando sua mão com carinho já tem o efeito desejado.

Pense em três gatilhos para a criança-sombra típicos do dia a dia e encontre palavras ou gestos positivos que ajudem a neutralizar cada um deles.

_____

_____

_____

_____

_____

_____

_____

Gatilho 1:
Alguém me pede um favor. Eu sinto que não posso recusar, portanto fervo de raiva por dentro, mas por fora sou simpática.
Palavras positivas: "As pessoas à sua volta podem desejar o que quiserem, inclusive de você, mas você, da mesma forma, pode respeitar suas necessidades e cuidar de si."

Gatilho 2:
Miguel me critica e eu imediatamente sinto que ele duvida do meu amor.
Palavras positivas: "De novo esse sentimento tão familiar de não ser amada. Pobre criança-sombra... Mas ouça: Miguel só está estressado, isso não tem nada a ver com o amor dele".

Gatilho 3:
Logo antes de sair para correr, perco o ânimo. Só consigo pensar: "Isso não vai adiantar nada. Sou gorda e patética."
Palavras positivas: "Eu sei como é. Você logo acha que vai ser um esforço inútil. Mas acredite: sair de casa vai ser bom para você e fará com que se sinta melhor."

Mensagens claras

Ser um pouco mais rígido com a criança-sombra também pode funcionar, pois ela pode acabar se entregando à autopiedade. Isso é muito comum em casos de desilusão amorosa. Se a criança-sombra entrar em uma espiral de sentimentos difíceis (medo, por exemplo), uma mensagem clara também pode ser curativa. As crianças reais também precisam de regras claras às vezes. Se você se flagrar em uma espiral de sentimentos negativos e em cenários de medo, pode dizer, em tom firme: "Agora já chega. Você não é a única que está sofrendo neste mundo", "Pare com isso, sempre a mesma reclamação!", "A maior parte dos seus medos nunca se concretizou, você é só minha voz do medo, um péssimo conselheiro!", etc.

Crie uma estratégia de pelo menos três mensagens claras que você possa usar para tirar sua criança-sombra de uma espiral de sentimentos.

1. _____
_____
2. _____
_____
3. _____
_____

> Pare de responsabilizar a Selma por seus sentimentos!
>
> Pare de desvalorizar os outros! Eles são bons, assim como eu.
>
> Não se deixe levar por essa espiral de pensamentos negativos! Assim você só aumenta o problema.
>
> Cansei de passar por isso. Chega!

Fonte de energia

Como expliquei anteriormente, a visualização tem um poder enorme.

Encontre uma imagem que lhe forneça muita força e tenha o poder de acalmar ou animar sua criança-sombra. Pode ser uma paisagem que você ame. Pode ser também uma situação na qual você tenha se sentido forte e competente ou na qual estava feliz (e que não desperte lembranças tristes). Você também pode imaginar uma situação agradável ou pegar cenas emprestadas de filmes, como *Star Wars* ou *O senhor dos anéis*. O importante é que essa imagem ou essa situação lhe transmita um sentimento de força e segurança internamente.

Fique de pé e mergulhe fundo em sua fonte de energia. Foque na imagem com todos os seus sentidos. O que você vê? Quais sons e ruídos você ouve? Sente algum cheiro? Como você se sente? Como seu corpo se sente?

Defina uma palavra-chave para sua fonte de energia e desenhe um símbolo que a represente (pode ser algo muito simples!).

Quando você se pegar no flagra no modo criança-sombra no dia a dia, busque em sua fonte de energia força interior, que pode ser evocada a qualquer momento.

Poses poderosas

Assim como imagens têm um efeito imediato no humor, a postura corporal também influencia o estado de espírito. Nosso humor e nosso corpo se influenciam mutuamente, o que já foi comprovado por muitos estudos de psicologia. Você pode fazer uso de posturas corporais para sair rapidamente do modo criança-sombra e entrar no modo adulto interior, como já fizemos em outro exercício.

1. Fique de pé em uma posição estável, com ambos os pés firmes no chão e os joelhos levemente maleáveis. Imagine agora uma situação em que se sentiu forte e muito bem, seja praticando esporte, alcançando algum objetivo ou em um momento de prazer em sua vida pessoal. Você também pode escolher a imagem de sua fonte de energia (conforme a seção anterior).
2. Agora baixe o olhar ou feche os olhos. Entre completamente na situação imaginada. O que você vê? Que sons ouve? Sente algum cheiro ou sabor? Como sente o chão? Quais sentimentos surgem? Deixe a sensação de felicidade agir sobre todo o seu corpo e sinta também sua respiração – como ela fica quando você está em seu momento mais forte? Sinta seus pés, pernas, glúteos, o tronco, os ombros e a cabeça. Qual a sensação de estar em uma posição de força? Fique ereto e ache uma posição que combine exatamente com essa sensação. Essa é, a partir de agora, sua *pose poderosa*. Encontre também uma correspondência sentada para sua pose poderosa.

A partir de agora, sempre que se flagrar no modo criança-sombra, adote sua pose poderosa para que seu corpo inteiro saiba que você retornou ao modo adulto.

Agora que você já fortaleceu seu adulto interior o bastante e já consolou sua criança-sombra, seguiremos para a criança-sol.

TERCEIRO PASSO

DESCUBRA SUA CRIANÇA-SOL

Todos carregamos dentro de nós o potencial de alegria e diversão de uma criança sem preocupações na forma da criança-sol, mesmo que a acessemos raramente. Lembre-se de como era brincar quando criança, sem nenhuma preocupação no mundo e aos riscos. Lembre-se de sua curiosidade e de seu espírito aventureiro. Lembre-se da espontaneidade e da imparcialidade com as quais seus olhos de criança viam o mundo. Pense sobre quão pouco você se comparava com os outros. Saiba que seus padrões atuais de bonito e feio, certo e errado, sucesso e fracasso não tinham nenhuma importância em seus pensamentos de criança: as coisas eram simples assim. Pense nos momentos felizes que você tinha com sua família e nos momentos de diversão com os amigos.

Se quisermos traçar novos caminhos e nos libertar dos velhos padrões, não basta simplesmente nos propormos a não acreditar mais em nossa programação antiga. Precisamos de uma visão para as novas crenças que vão *substituir* as antigas. Precisamos de uma meta final pela qual nos orientarmos e à qual nos agarrarmos. Precisamos de algo novo para substituir o antigo. Para esse objetivo, repetiremos a seguir os exercícios que fizemos para a criança-sombra, mas desta vez revelaremos nossa criança-sol. Descobriremos agora *crenças empoderadoras*, nos voltando para seus *pontos fortes*. Buscaremos, além disso, seus *valores* pessoais, potenciais suportes e guias para novas atitudes e comportamentos. Por fim, eu lhe mostrarei caminhos para tornar seus relacionamentos mais saudáveis e sustentáveis. Trata-se de delinear comportamentos alternativos às estratégias de autoproteção. Tais comportamentos podem ser chamados de *estratégias de reflexão*.

Nosso objetivo é fazer a criança-sol em você se desenvolver e desabrochar ao máximo. O objetivo não é "se reinventar", pois a maioria das coisas em você já é boa. Desejamos apenas mudar positivamente as posturas e os comportamentos que lhe causam problemas – e às vezes também aos outros.

Descubra suas crenças positivas

Para este exercício e para os próximos, você precisará do desenho da criança-sol em branco, disponível na página 143, e de canetas coloridas. Ao final, seu desenho da criança-sol deverá ser bem colorido, bonito e alegre, em oposição ao da criança-sombra.

A criança-sol se tornará sua meta final e deverá, por essa razão, ter um apelo estético. Nós nos identificamos com o belo, pois ele nos motiva e nos abre para novas experiências. Crie sua criança-sol da forma mais linda possível, como se quisesse ganhar um concurso de artes. Desenhe seu rosto, seus cabelos e decore a folha toda como desejar, mas cuidado com a escolha das cores, pois também escreveremos algumas coisas em volta da criança-sol. **Miguel servirá novamente como exemplo. A criança-sol dele se encontra no verso da contracapa.**

Chegaremos às suas crenças positivas em duas etapas: primeiro veremos quais crenças você herdou de seus pais e outras pessoas centrais e depois inverteremos as crenças de sua criança-sombra.

Crenças positivas da infância

Se sua relação com seus pais tiver sido boa e você os quiser em sua criança-sol, escreva "mamãe" e "papai" ou o nome de seus cuidadores, um à direita e o outro à esquerda da cabeça da criança-sol, da mesma forma que fizemos com a criança-sombra. Reflita sobre as características positivas deles. Em que eles acertaram na sua criação? Anote.

Se sua relação com seus pais for ou tiver sido difícil e você não quiser tê-los em sua criança-sol, pule esta parte do exercício. Você pode também incluir apenas um dos dois, ou incluir uma avó amorosa, uma vizinha simpática ou um professor compreensivo que tenha sido gentil com você na infância.

Depois de anotar as características positivas de seus pais ou cuidadores, conecte-se com seus sentimentos. Quais crenças positivas você herdou deles? Mesmo que muitas lhe venham à cabeça neste momento, anote somente *uma, no máximo duas*, porque limitar o número de crenças da criança-sol permitirá acessá-la rápida e claramente no dia a dia. Escreva suas crenças na barriga da criança. Segue uma lista de possíveis crenças fundamentais positivas:

CRENÇAS FUNDAMENTAIS POSITIVAS

- *Sou bem-cuidado!*
- *Sou amado!*
- *Tenho valor!*
- *Sou bom o suficiente!*
- *Sou incentivado!*
- *Sou bem-vindo!*
- *Tenho o necessário!*
- *Recebo o suficiente!*
- *Sou inteligente!*
- *Sou bonito!*
- *Tenho direito à alegria!*
- *Posso cometer erros!*
- *Mereço ser feliz!*
- *A vida é fácil!*
- *Posso ser eu mesmo!*
- *Posso incomodar às vezes!*
- *Posso me defender!*
- *Posso ter minha própria opinião!*
- *Posso sentir!*
- *Posso me diferenciar!*
- *Vou conseguir!*

Anote, na barriga do desenho da sua criança-sol, somente uma crença positiva adquirida de seus pais ou de outra pessoa na sua infância.

_____
_____
_____
_____

Invertendo as crenças fundamentais

Agora pegue as crenças negativas identificadas nas páginas 27 a 29 para transformá-las em seu oposto positivo. Crenças como "Não tenho valor" ou "Não sou bom o suficiente" são fáceis de inverter: "Tenho valor" e "Sou bom o suficiente". Outras são mais difíceis, pois não desejamos uma afirmação que use uma negativa. No caso da crença "Sou responsável pela sua felicidade", por exemplo, a inversão não seria "Não sou responsável pela sua felicidade". Nosso inconsciente tem dificuldade de processar o "não", pois é difícil *não* pensar em algo. Se eu lhe disser "Não pense em um gatinho tigrado", você automaticamente vai pensar nisso. O oposto de "Sou responsável pela sua felicidade" poderia ser "Posso impor limites", "Posso fazer o que desejo" ou "Meus desejos e necessidades são tão importantes quanto os alheios". O mesmo vale para a crença "A culpa é minha", que muitas pessoas carregam dentro de si. O sentimento fundamental de ser culpado é facilmente desenvolvido por pessoas que se sentem responsáveis pelo humor e pelos problemas alheios. Em geral, tais pessoas já se sentiam responsáveis pela relação dos pais quando crianças. A inversão dessa crença também poderia ser "Posso impor limites", que devolve ao outro sua responsabilidade pelos próprios sentimentos e problemas.

A inversão da crença "Sou um fardo" seria "Posso incomodar às vezes". Não temos como evitar totalmente ser um peso para os outros. Pode acontecer, por exemplo, de cairmos doentes ou precisarmos de ajuda. Outra possibilidade seria: "Posso cometer erros!"

As crenças positivas também devem ser formuladas de modo que você consiga aceitá-las. Algumas pessoas não sentiriam dentro de si a afirmação "Sou bonito" no lugar de "Sou feio", por isso sugiro, nesses casos, que formulem a crença de outra maneira: "Sou bonito o suficiente" ou "Sou bom o suficiente".

Um segundo recurso para tornar suas crenças mais fáceis de aceitar seria limitá-las um pouco. Por exemplo, se "Sou importante" lhe parecer exagerada e distante, experimente escrever "Sou importante para meus filhos/amigos/pais". Formule suas crenças de um jeito que faça você se sentir bem.

Sou demais da conta!

Em um de meus seminários, uma participante chamada Katja declarou sua crença nova como "Eu sou demais da conta!". Todos morremos de rir. Essa formulação é genial para a criança-sol, pois gera bom humor imediato, e é justamente desse bom humor e desse estado elevado de espírito que precisamos para acessar os recursos da nossa criança-sol. Sinta-se livre, portanto, para criar suas crenças positivas de forma lúdica e engraçada, pois a criança-sol adora isso.

Escreva suas crenças positivas no desenho da criança-sol.

Fortaleça-se

Existe um número muito maior de argumentos lógicos para as crenças positivas que para as negativas. É de grande ajuda perguntar ao adulto interior quais argumentos servem às suas novas crenças. Assim, escreva junto às suas novas crenças fundamentais positivas os argumentos que as validam.

1. Sou cercado de abundância. Hoje sou adulto e posso cuidar de mim. Posso me dar ao luxo de certas coisas que desejo. Não precisa ser algo caro; pode ser apenas sair mais. Selma também é muito carinhosa e atenciosa comigo. E tenho amigos maravilhosos nos quais posso confiar. Tenho uma boa qualidade de vida. Não posso reclamar.
2. Sou importante. Sou tão importante quanto os outros. Sou importante para mim mesmo, mas também para meus pais, meu irmão, para Selma e para meus amigos. Meu chefe também gosta de mim.

_____

_____

_____

_____

_____

Sinta sua criança-sol

Na próxima etapa, olharemos intensamente para a criança-sol, sentindo-a fisicamente.

Feche os olhos e direcione sua atenção para seu interior. Conecte-se com sua respiração. Respire fundo, com a barriga. Pronuncie suas novas crenças mentalmente e sinta como afetam seu corpo. Deixe que elas se espalhem por você. Certamente você já viveu pelo menos uma situação na vida em que tudo isso foi verdade ou identifica situações nas quais você simplesmente está bem e não duvida de si mesmo. Imagine uma dessas situações – talvez em companhia de amigos ou familiares? Um dia na praia ou num show? Passeando na natureza ou tocando um instrumento? Você pode pensar em uma situação em que conseguiu fazer algo incrível e teve muito orgulho de si mesmo.

Entre nessa situação com todos os seus sentidos e conecte-se com os sentimentos positivos que ela faz aflorar.

Sinta suas novas crenças agindo em você, juntamente com a situação-sol (a que você visualizou), e encontre uma posição que combine com esse estado.

Registre a situação-sol com uma palavra-chave no desenho da criança (qualquer parte; Miguel escreveu a dele na perna da criança) ou em volta dela. Escreva também, na barriga da criança, os sentimentos positivos que você experimenta ao entrar nessa situação.

Descubra seus pontos fortes e recursos

Além das crenças positivas, é importante que você tenha consciência de seus pontos fortes e seus recursos internos. *Pontos fortes* são traços de personalidade e habilidades úteis, como senso de humor, coragem ou competência social. Chegou a hora de você ser generoso consigo, o que é totalmente diferente de se exibir. Caso tenha dificuldade de dizer coisas boas sobre si, imagine elogios que seus amigos lhe fariam.

Identifique no mínimo sete pontos fortes. Se isso for difícil, uma dica: o que você acha muito fácil fazer e que os outros não fazem com tanta facilidade? Em quais aspectos da vida as pessoas lhe pedem conselhos ou quais atividades seus amigos e familiares têm plena confiança em você para fazer? As respostas a essas perguntas são o caminho para descobrir seus pontos fortes.

Seguem algumas sugestões:

Lista de pontos fortes

bem-humorado, sincero, leal, prestativo, inteligente, criativo, reflexivo, sociável, simpático, disciplinado, atraente, flexível, tolerante, engraçado, atlético, firme, generoso, culto, curioso, equilibrado, espirituoso, estável, divertido, cuidadoso, disposto, etc.

Anote seus pontos fortes nos braços da criança-sol.
Em seguida, feche novamente os olhos e direcione sua atenção para seu corpo. Como pensar em seus pontos fortes impacta você fisicamente? Não basta ter consciência objetiva de nossos pontos fortes, é preciso realmente senti-los.

Os *recursos* são situações e circunstâncias externas que lhe dão força e apoio.

> **Lista de recursos**
>
> bons amigos, relacionamento estável, família, filhos, um bom emprego, recursos financeiros suficientes, saúde, natureza, música, casa bonita, um animal de estimação, colegas de trabalho legais, viagens, etc.

Escreva seus recursos em volta da sua criança-sol.

Sinta seus recursos no corpo.

Descubra seus valores

Buscaremos agora seus valores pessoais. Os valores nos ajudam a transcender a nós mesmos e nossa criança-sol. Se você olhar novamente para as estratégias de autoproteção da sua criança-sombra, perceberá que todas elas tendem a ser egocêntricas, pois têm como objetivo evitar dor. Quando estamos presos em nossa autoproteção, sobra pouco espaço para pensar na condição do outro. Se você, por exemplo, se protege por meio de obsessão por harmonia e evita ter conversas sérias sobre as coisas, você poderia se perguntar se seu comportamento é justo. Você pode dizer que é uma pessoa reservada para não magoar os outros, mas (seja sincero!), no fim das contas, é a criança-sombra que tem medo de ser rejeitada e se protege. Enquanto não souber o que realmente se passa consigo, o outro não tem a possibilidade de conversar com você, compreender ou se desculpar. Algumas amizades e relacionamentos são destruídos em sua obsessão por harmonia, pois o "obcecado por harmonia" bloqueia o contato, interna ou externamente, em vez de conversar honestamente e construir uma base para esclarecer as coisas. Os valores mais elevados de justiça e amizade poderiam ter lhe dado a força necessária para superar seu medo e conversar honestamente, e assim o relacionamento teria uma chance.

Certamente você tem muitos valores que lhe são importantes, mas muitas vezes só temos real consciência deles quando são violados. A justiça, por exemplo, é um valor do qual geralmente só tomamos consciência quando violada.

Olhe novamente para as estratégias de autoproteção da sua criança-sombra e pense sobre quais valores poderiam ajudar você a superar tais padrões de comportamento. Quais valores poderiam lhe fornecer força e suporte para superar os medos da criança-sombra? Encontre três valores.

Lembrar-se de situações concretas do passado pode ser útil. É provável que você já tenha conseguido sair do modo criança-sombra algumas vezes. Quais valores o ajudaram nessas ocasiões? Quais pensamentos – e os valores por trás deles – ajudaram você a sair da perspectiva de campo?

Segue uma lista de possíveis valores, para inspirar você nesse exercício:

Lista de valores

justiça, abertura, coragem, lealdade, sinceridade, fidelidade, responsabilidade, autenticidade, amor ao próximo, amizade, confiança, alegria de viver, doçura, serenidade, generosidade, reflexão, disciplina, sabedoria, cultura, empatia, dignidade, afeto, prestatividade, equidade, humildade, transparência, democracia, tolerância, sensibilidade, compreensão, pacifismo, benevolência, comprometimento, amor.

Anote seus valores sobre a cabeça da sua criança-sol – esse local destaca que os valores também são algo racional que pode ajudar seu adulto interior.

Feche novamente os olhos e sinta os valores lhe transmitindo força e suporte. Sinta como os valores elevados o fortalecem.

Luz do sol para a criança-sol

Você deve se lembrar das duas, ou melhor, três posições da percepção apresentadas a partir da página 82. Faremos agora um exercício semelhante, porém tendo como base a criança-sol.

1. Fique de pé. Entre no modo criança-sol, evocando suas crenças positivas e sua situação-sol. Sinta sua criança-sol e imagine que está sendo banhado em luz e calor. Você se encontra na terceira posição da percepção, mas desta vez não no ego adulto, e sim na criança-sol. Você observa a situação de fora e com distanciamento.
2. A partir dessa terceira posição, imagine um conflito/problema que esteja enfrentando com alguém. Veja vocês dois de longe, como se estivessem atuando em um palco. Traga agora todos os recursos da criança-sol para a situação e observe o que muda. Como sua percepção da situação se altera quando você a observa pelos olhos da criança-sol? Como se alterariam seus sentimentos e seu comportamento?
3. Escreva o que você sentiu nesse exercício.

_____

_____

_____

_____

A seguir lidaremos com as estratégias de reflexão, que são a antítese das estratégias de autoproteção.

Estratégias de reflexão para a criança-sol

Ao contrário das estratégias de autoproteção, as estratégias de reflexão fortalecem a criança-sol e o ego adulto. Elas são a antítese das estratégias de autoproteção, pois são fortalecedoras e construtivas. Trata-se de medidas simples para tornar sua vida e seus relacionamentos mais felizes.

Você precisará do adulto interior para as estratégias de reflexão, pois ele lhe esclarecerá muitas coisas e – importante! – as colocará em prática. Para que a criança-sol não se sinta negligenciada, há no fim um exercício divertido para ela. Alguns dos exercícios são *bobos* mesmo, pois brincar faz a criança-sol sorrir.

As primeiras quatro estratégias de reflexão se aplicam a todas as crianças-sombra, ou seja, são universais. Depois apresentarei estratégias de reflexão que são importantes principalmente para crianças-sombra ajustadas e algumas para crianças-sombra rebeldes. Como já ressaltei várias vezes, muitas pessoas têm um pouco das duas. Durante a leitura, reflita sobre quais das seguintes estratégias de reflexão você gostaria de aplicar no futuro. Ao fim, nós as escreveremos no desenho da sua criança-sol.

Estratégias de reflexão gerais

Assuma a responsabilidade e diga sim à vida!
Tendemos a viver sob a ilusão de que as outras pessoas, os acontecimentos e as circunstâncias da vida é que desencadeiam os sentimentos em nós. Foi assim que, no início do livro, Miguel achou que a culpada por sua raiva fosse Selma, por ter esquecido de comprar seu refrigerante preferido. A maioria das pessoas pensa e se sente da mesma forma. Se o parceiro está de mau humor de manhã, ficamos chateados. Se recebemos um elogio, ficamos alegres. Se somos criticados, ficamos contrariados ou aborrecidos. Se ficamos presos no engarrafamento, ficamos irritados. Geralmente consideramos que nossos sentimentos e estados de espírito são desencadeados por algo externo a nós – sejam pessoas ou acontecimentos. Essa percepção faz com que responsabilizemos os outros ou o destino por nossos problemas e nosso humor. Nos colocamos no papel de *vítimas* de nossas circunstâncias, enquanto, na verdade, somos nós que nos colocamos para baixo ou para cima com base em nossas interpretações e pensamentos. É por isso que precisamos parar de esperar que algo aconteça "lá fora" para ficarmos mais satisfeitos ou felizes. Ten-

tar curar a criança-sombra *externamente*, por meio do reconhecimento alheio, também não leva a nada.

Uma condição indispensável para forjarmos uma vida e relacionamentos mais felizes é assumirmos 100% da responsabilidade por nossas decisões, pensamentos, sentimentos e ações. Se estamos parados no engarrafamento, podemos pensar: "Pois é, isso foi algo que desejei, pois comprei um carro, o que implicava aceitar a possiblidade de ficar preso no trânsito." Se nosso parceiro está mal-humorado, podemos pensar: "Pois é, isso foi algo que desejei, pois escolhi este parceiro." Se tivermos contribuído para seu mau humor, podemos simplesmente dizer sim à vida e passar a nos comportar de forma que aumente a probabilidade de seu humor melhorar. Se as crianças estão nos irritando, podemos dizer: "Pois é, isso foi algo que desejei, pois quis ter filhos e, ao fazer isso, aceitei que haveria a possibilidade de me estressar com eles!" Se, por outro lado, um golpe do destino for responsável por meu sofrimento, será difícil dizer: "Pois é, isso foi algo que desejei..." Nesse caso, o que podemos dizer é: "Sim, quero continuar vivendo, e, enquanto eu viver, fatalidades podem acontecer."

A ideia central desse "dizer sim à vida" radical não é somente assumir a responsabilidade por si próprio, mas dissolver a resistência contra o que simplesmente é, pois a resistência nos custa muita energia. Um exemplo extremo pode tornar isso bem claro: uma pessoa está na prisão e todos os dias bate a cabeça na parede, grita e reclama que não deseja estar ali. Quanta energia negativa lhe custa isso? O que mudaria se ela aceitasse sua situação e dissesse: "Pois é, isso foi algo que desejei. Quando desobedeci à lei, escolhi o risco de ser preso. Agora farei o melhor que posso nesta situação"? Percebe a enorme diferença de energia entre as duas posturas?

Identifique três situações em sua vida nas quais você tenha ficado preso em sua resistência interna, sem conseguir aceitar os fatos. Escreva-as e encontre, para cada uma delas, uma postura de dizer sim à vida. Sinta como a postura de resistência e a de aceitação influenciam seus sentimentos de formas diferentes.

1. _____
   _____
2. _____
   _____
3. _____
   _____

> 1. Sim, sou responsável por esta briga. Deixei minha criança-sombra tomar as rédeas da situação de forma desenfreada. Agora preciso encarar as consequências.
> 2. Contribuí para que jogassem a responsabilidade pelo projeto nas minhas costas quando fiz questão de explicar minuciosamente a todos o que estavam fazendo de errado, sem ser construtivo. Não é de admirar que agora eles não estejam do meu lado. Talvez eu possa pedir ajuda a eles educadamente.
> 3. A culpa pela lesão no meu joelho é minha, pois não aguento ficar um dia sequer sem me exercitar, apesar de o médico já ter falado, no ano passado, que preciso reduzir a intensidade dos treinos.

Quando diz sim para algo, você tem a possibilidade de mudá-lo. Quando chama a responsabilidade para si e aceita que causou, ainda que involuntariamente, a maioria das situações na sua vida, você também assume a responsabilidade pela mudança. Mas, enquanto jogar a responsabilidade por sua infelicidade nas circunstâncias, nada irá para a frente. Pense no que você poderia mudar nas três situações que escreveu – encontre uma possível linha de ação alternativa para cada uma delas. Você pode anotar possibilidades que lhe pareçam absurdas. Queremos acionar seu potencial criativo de solução de problemas. Anote-as em palavras-chave:

1. _____
2. _____
3. _____
4. _____
5. _____

Para sua criança-sol: imagine que você é a rainha ou o rei de seu território. Fique de pé em uma cadeira e adote uma postura régia. Imagine-se com uma coroa na cabeça. Pronuncie as seguintes frases em tom autoritário e termine cada uma delas com um elemento solene (por exemplo: Tan tan tan taaaan!).

Eu sou o senhor/a senhora da minha vida! Tan tan tan taaaan!

Eu decido o que quero e o que não quero! Tan tan tan taaaan!

Eu sou livre! Tan tan tan taaaan!

Eu posso dispensar você! (Um parceiro, um hábito, um emprego, etc.) Tan tan tan taaaan!

Eu posso ser eu mesmo! Tan tan tan taaaan!

Eu vivo a minha vida! Tan tan tan taaaan!

Busque outras frases adequadas a suas circunstâncias pessoais. Dê tudo de si e solte as asas da imaginação para seus desejos.

Curta sua vida e divirta-se

Ter responsabilidade por reconhecer os fatos é importante, mas não se esqueça de ter responsabilidade também por ficar bem. Muitos não aproveitam a vida por estarem presos às estratégias de autoproteção da criança-sombra, pois ela acha que só pode se divertir depois de finalizadas todas as obrigações – só que sempre há mais a ser feito. Essas pessoas se sentem culpadas quando não estão trabalhando ou então não conseguem aproveitar o momento porque a criança-sombra as coloca para baixo.

Será que você tem pouco espaço para alegria e prazer na vida? Quais são as razões para isso? Anote-as aqui.

_____

_____

_____

_____

Da perspectiva do ego adulto, não há argumento racional para não aproveitar a vida. Em minha opinião, é inclusive nosso dever cuidarmos de nós mesmos, pois isso eleva nosso humor, e somos pessoas melhores quando estamos felizes. Quanto melhor nosso humor, mais generosos e amáveis somos com os outros. O prazer, porém, exige consciência: se eu engulo minha comida correndo, nem percebo o que estou ingerindo; se fico remoendo as coisas o tempo todo, nem percebo a beleza à minha volta. Se vivo pulando de tarefa em tarefa, resta pouco tempo para os prazeres.

Aprenda a perceber a beleza nas coisas e aproveitá-las, focando os cinco sentidos no que você está comendo, cheirando, vendo ou sentindo. Trata-se, como tudo na vida, de uma questão de decisão pessoal. Decida, neste exato momento, aprimorar seus sentidos e aproveitar a vida de forma mais consciente. É importante pensar nisso no dia a dia, portanto desenvolva um pequeno truque, como sugerido na seção "Racionalização e intelectualização" com o anel ou a pulseira, para se lembrar de aproveitar as coisas de forma consciente – seja a comida, uma bela vista, um perfume ou um encontro agradável.

Anote cinco coisas que você deseja aproveitar mais de agora em diante.

1. _____
2. _____
3. _____
4. _____
5. _____

1. Colocarei flores em minha mesa de trabalho.
2. Quero caminhar meia hora todos os dias.
3. Duas vezes ao mês, me darei ao luxo de uma massagem.
4. Vou dar uma festa de aniversário este ano.
5. Aos domingos, vou tomar café na cama e ficar lendo pelo tempo que quiser.

Planeje, a partir de agora, fazer algo especial todos os dias, seja comer algo gostoso, fazer uma caminhada, tomar um banho de banheira, ir a um restaurante, comprar um buquê de rosas, dormir até mais tarde, etc. Você também pode se permitir *não* fazer certas coisas, obtendo assim mais tempo livre e descanso. Tente estar presente em sua "terapia de aproveitamento" com todos os sentidos e com atenção plena.

Para sua criança-sol: acaricie-a na cabeça e diga: "Estou muito orgulhoso de você! Você é perfeita como é. Você pode aproveitar a vida em sua plenitude."

Vença a preguiça

Sei muito bem que esse título é desanimador depois das seções anteriores. Disciplina e estrutura soam extremamente entediantes aos ouvidos da criança-sol, mas, queira você ou não, são a melhor garantia para uma vida bem-sucedida e plena. Nós, seres humanos, somos animais de hábito e temos que tirar proveito disso para organizar nossa rotina da forma mais eficiente possível.

A preguiça é um dos maiores obstáculos para moldarmos nossa vida e gerarmos mudanças.

Todos nós precisamos de exigências externas e uma estrutura fixa para funcionar. Permanecer nas atividades é mais fácil quando não as interrompemos. A segunda-feira não é o pior dia da semana por ser mais exigente, mas por causa de seu contraste com o fim de semana. Para enfrentar a segunda-feira, precisamos de muito mais *energia motivacional* que na terça-feira. Na quarta tudo fica ainda mais fácil, e na sexta nem conseguimos entender por que nos sentimos tão mal na segunda. O mesmo acontece com as outras atividades, pelo menos com aquelas que exigem um mínimo de superação e esforço. Quanto mais frequentemente as fizermos, mais fáceis se tornarão.

É por isso que uma estrutura clara é a melhor prevenção contra a preguiça.

Se você ainda não tiver um planejamento diário e semanal, use o modelo a seguir como exemplo. Não se esqueça de incluir as atividades de tempo livre, lazer e prazer.

Seg	Ter	Qua	Qui	Sex	Sáb	Dom

Para sua criança-sol: desenhe um planejamento semanal bonito, com várias cores, e atribua pequenos símbolos às atividades.

Faça o bem!
Vale ressaltar novamente que na vida não se trata somente de sermos felizes e estarmos satisfeitos conosco, mas também de sermos boas pessoas, com uma visão crítica do que acontece no mundo. Muitas pessoas giram excessivamente em torno da autoproteção e se perdem nesse movimento. Por isso, é sempre importante – para todos nós – relativizar a si mesmo e olhar além do próprio umbigo. De nada adianta ficar abalado com as notícias ruins ou com uma crise se você não arregaçar as mangas e fizer algo dentro de suas possibilidades. Quando nos esforçamos para ser pessoas melhores e fazer o bem, transcendemos a nós mesmos e promovemos uma mudança de ares saudável, saindo um pouco das nossas preocupações autocentradas. Fazer o bem nos faz felizes. Pesquisas em neuropsicologia já comprovaram que atos altruístas fazem o cérebro liberar mais hormônios da felicidade do que chocolate ou sexo.

Mas as crianças-sombra que carregam a crença "Sou deixado de lado!", em particular, tendem a julgar a relação entre dar e receber de forma bastante mesquinha.

Pense sobre sua relação com o dinheiro e com o bem-estar material. Seja sincero: seu orçamento possibilitaria doações regulares a uma instituição de caridade? Caso já o faça, poderia doar mais? Você é generoso com seus amigos, sua família ou funcionários? Se admitir para si mesmo que tende para o lado da ganância, quais são os medos de sua criança-sombra? Anote-os.

_____
_____
_____
_____
_____

Entre no modo adulto, ou seja, na terceira posição da percepção. Sua mesquinhez realmente está ajudando você? Anote suas conclusões.

_____
_____
_____
_____

Há pessoas em seu círculo próximo para as quais você poderia fazer um favor? Quais?

_____
_____
_____
_____
_____

Planeje realizar três boas ações concretas.

1. _____
2. _____
3. _____

Para sua criança-sombra: surpreenda uma pessoa com um pequeno presente e/ou uma pequena boa ação.

Molde seus relacionamentos e sua vida

Como já explicado na seção "Conexão e autonomia", nossa felicidade ou infelicidade é determinada pelas nossas relações interpessoais. Moldar a vida de acordo com nossos desejos exige que nos autodeterminemos – eventualmente, contra a opinião e a vontade alheias. Para não nos sentirmos sozinhos nesse processo e continuarmos a ter bons relacionamentos, precisamos também nos adequar e nos conectar. Quem consegue fazer ambos tem uma vida boa e é, em geral, uma pessoa mais bem-aceita e responsável. Como já ressaltado várias vezes, muitas pessoas não conseguem manter um equilíbrio saudável entre essas duas necessidades: ou precisam aprender a impor limites mais claros, ou seja, a se diferenciar mais, ou precisam aprimorar suas habilidade de adequação e cooperação. Foi por isso que separei as estratégias de reflexão a seguir de acordo com esses critérios básicos.

Estatisticamente, as mulheres tendem a se adequar mais, enquanto os homens se protegem mais por meio de diferenciação. Isso tem a ver com os papéis de gênero nos primórdios da evolução humana e com a socialização dos homens atualmente. É claro que também há muitas mulheres que se posicionam mais pela autonomia, assim como há homens que tendem mais à adequação, porém nos exemplos a seguir me orientei pela maioria. Assim, fiz com que Selma aprendesse a se diferenciar melhor, enquanto Miguel aprimora sua capacidade de adequação.

Estratégias de reflexão para crianças-sombra ajustadas

Aprenda a se diferenciar

A criança-sombra de pessoas que recaem em hiperadequação acredita que não pode decepcionar ninguém. Vive com o medo crônico de fracasso e rejeição. Algumas de suas crenças típicas: "Não sou bom o suficiente", "Não posso decepcionar os outros", "Não posso me defender", "Tenho que agradar e me comportar bem", "Preciso cumprir tudo que me pedem", "Preciso atender a todas as expectativas!". Por trás disso se esconde o medo da solidão e da perda dos relacionamentos. No fundo, essa criança-sombra acredita que não é capaz de caminhar com as próprias pernas. Pessoas assim têm medo de conflitos, e não somente reprimem frequentemente a própria opinião e as próprias necessidades para evitá--los como também nem percebem certos conflitos. Sua criança-sombra costuma ser excessivamente ingênua e confiar demais nos outros, por medo de perder a conexão com eles.

Sinta suas necessidades

A primeira coisa que crianças-sombra ajustadas devem fazer é se conectar com as próprias necessidades e desejos, o que geralmente desaprenderam a fazer já na infância, pois sua adequação excessiva bloqueou sua vontade própria. É por isso que frequentemente dizem "Não sei o que quero!". Para treinar o conhecimento de suas próprias necessidades, você pode se perguntar de hora em hora: Como me sinto neste momento? O que desejo? Isso não significa ceder imediatamente a cada desejo que tiver, pois nem sempre é possível. O importante é que entre em contato consigo, mesmo quando estiver em contato com outros. Para não se esquecer disso, use uma pulseira (ou um relógio, um anel, etc.) que sirva de lembrete constante para prestar atenção em seus sentimentos.

Treine mentalmente a primeira e a segunda posições da percepção no contato com os outros: na primeira, você foca em si próprio e seus sentimentos e desejos; na segunda, se concentra no outro. Treine bastante esse movimento de alternar perspectivas. Quanto menos você se perder no contato com os outros, mais estável se sentirá, o que lhe permitirá se abrir cada vez mais com os outros de forma saudável e autêntica.

Escreva quais necessidades você frequentemente suprime ou nem chega a sentir. Em geral, são coisas que irritam você após uma situação. Por exemplo, após jantar com um amigo, você sente o ressentimento crescendo dentro de si: "Ele nem se deu ao trabalho de perguntar como eu estava. Que grosseiro!"

_____

_____

_____

_____

Responda às seguintes perguntas:
Meus pais deram muita ou pouca atenção às minhas necessidades?

_____

_____

_____

Havia espaço para ter vontade própria na minha casa?

_____

_____

_____

Como meus pais lidavam com suas próprias necessidades?

_____

_____

_____

_____

Para sua criança-sol: escolha um dia da semana, talvez o domingo, para se dar ao luxo de fazer tudo que desejar.

Você é capaz de caminhar com as próprias pernas

Ter consciência dos próprios desejos e necessidades é o pressuposto para caminhar com as próprias pernas. E isso significa tomar as próprias decisões. Pessoas hiperadequadas têm pavor de cometer erros e tomar decisões erradas, por isso sua estratégia de autoproteção costuma ser a seguinte: permanecer criança para sempre. Se você quiser crescer (figurativamente falando), precisa tomar suas próprias decisões, o que inclui a possibilidade de tomar uma decisão errada. Para isso, é necessário ter certa *tolerância à frustração*, ou seja, a confiança de que sobreviverá a um erro. Mas saiba também que é possível voltar atrás na maioria das decisões. Se você começar a prestar mais atenção nas suas necessidades e treinar a argumentação com a ajuda do ego adulto, desenvolverá segurança em seus pontos de vista e tomará muitas decisões corretas. Vale lembrar que não há decisão perfeita, pois sempre que dizemos sim a uma coisa estamos dizendo não a outra. Para tomar decisões de forma autônoma, é necessário prestar atenção em vários aspectos, resumidos a seguir:

1. Preste atenção em seus desejos e necessidades e assuma a responsabilidade por eles.
2. Distancie-se dos medos de sua criança-sombra e do monstro do fracasso com a ajuda de seu ego adulto e/ou de sua criança-sol.
3. Encontre argumentos para cada decisão.
4. Tome uma decisão – cada decisão conduzirá você à sua jornada pessoal. Decisões erradas também fornecem excelentes aprendizados.

1. Eu preferiria tomar meia hora de ar puro durante o horário de almoço em vez de ficar sentada com meus colegas naquele refeitório abafado. Essa é a verdade!
2. Querida criança-sombra: você sempre fica com medo de que a achem estranha e exigente. Mas eu lhe garanto: sou adulta e posso organizar meu dia da forma que me agradar.
3. Além disso, será maravilhoso ter mais energia à noite em vez de me largar no sofá, completamente destruída. Também acho que será bom para meus alunos se eu voltar revigorada do horário de almoço.
4. Farei uma caminhada duas vezes na semana, às segundas e às quartas. Direi isso a meus colegas de forma gentil. Se eles tiverem perguntas, posso responder, mas inicialmente não preciso dar muitas explicações, pois isso abre espaço para a necessidade de me justificar.

_____

_____

_____

_____

Para sua criança-sombra: pegue duas fichas de anotação ou duas folhas. Escreva em uma delas todos os prós de determinada decisão que você precise tomar e, na outra, todos os contras. Coloque ambas no chão de forma que você possa circular em volta delas no formato de um 8. Vá seguindo o 8: quando iniciar o círculo do lado dos prós, vá lendo-os em voz alta, e quando chegar ao outro lado, vá lendo os contras em voz alta. Perceba como se sente. Só pare quando tiver tomado uma decisão. Será bem mais fácil com esse exercício.

Você pode decepcionar os outros

Quem não pode decepcionar os outros não pode tomar decisões livremente. A criança-sombra é muito dependente da aprovação dos pais e de outras pessoas. Ela prefere satisfazer todas as expectativas, pois tem um medo profundo de ser rejeitada. Ocorre que, quando estamos ocupados em satisfazer todas as expectativas alheias, não podemos seguir nosso próprio caminho. Além disso, acabamos delegando a responsabilidade por nosso comportamento aos outros, fazendo o que eles supostamente querem e abrindo mão de parte da nossa autodeterminação. Os medos da criança-sombra de decepcionar os outros são geralmente difusos, e o adulto acaba não concluindo o raciocínio até o fim. A pergunta sobre o que poderia acontecer no pior dos cenários é de extrema importância.

Pense em três relacionamentos importantes nos quais você tenha medo de decepcionar o outro. Escreva a pior coisa que poderia acontecer nesse caso.

1. _____

2. _____

3. _____

1. No pior dos casos, Miguel me deixaria.
2. Minha amiga pode pensar que não gosto mais dela.
3. O diretor da minha escola pode não me promover ou até colocar obstáculos em meu caminho.

1. Escolha um dos relacionamentos. Escolha um ponto no cômodo para entrar no modo criança-sombra, ou seja, na perspectiva de campo (primeira posição da percepção), e deixe-a falar sobre seus medos e preocupações. Perceba como ela se sente quando pensa dessa forma.
2. Liberte-se de todos os sentimentos angustiantes e entre conscientemente na perspectiva do adulto interior.
3. Vá para outro ponto do cômodo e assegure à criança-sombra que ela foi ouvida e compreendida. Diga-lhe que agora o adulto assumirá a responsabilidade. Em seguida, analise o teor de verdade das preocupações da criança-sombra e a probabilidade de essas preocupações se concretizarem, de forma racional e objetiva. Encontre argumentos racionais contra os cenários hipotéticos negativos. Pode ser que haja argumentos a favor dos cenários negativos; por exemplo, possíveis conflitos com determinada pessoa. Nesse caso, se você quiser seguir em frente fazendo as coisas mais do seu jeito, pense se realmente não suportaria tal cenário, se vale sacrificar sua liberdade em prol da adequação. Encontre respostas para essas perguntas.
4. Desenvolva um olhar apurado para reconhecer cada condicionamento negativo trazido pela criança-sombra da casa dos pais, ou seja, um fantasma. Analise o condicionamento. Imagine, finalmente, que você vai orientar sua criança-sombra: o que lhe aconselharia? A partir de agora, você, o adulto, passa a ter domínio sobre os acontecimentos.

O mesmo pode ser feito com todos os seus outros relacionamentos.

No pior dos casos, Miguel me deixaria. Meu ego adulto diz: "Você tem uma tendência a se retrair, portanto tenha certeza de que os outros entenderão se você começar a declarar suas necessidades." Na verdade, muitas vezes é um alívio para os outros, pois eles sentem seu desconforto. Quando você diz o que quer e o que não quer, os outros não precisam ficar adivinhando.

Talvez realmente aconteça um conflito. Mas até hoje vocês sempre se entenderam após as brigas. Isso não é um sinal de que o relacionamento de vocês se baseia em afeto verdadeiro? Caso realmente venham a se distanciar, com certeza o motivo não vai ser o fato de você passar a afirmar o que quer. E, se for, a separação pode ser uma solução coerente para ambos.

Para sua criança-sol: fique de pé e balance os braços para os lados, girando o tronco. Enquanto isso, diga: "Eu sou (diga seu nome ou apelido)... Faço as coisas do meu jeito... Sigo meu próprio caminho... Posso decepcionar os outros... Não estou no mundo para satisfazer as expectativas alheias, posso ser eu mesmo! Hahaha! E ponto final!!!!!"

Aprenda a dizer não

Se pode decepcionar os outros, você também pode dizer não. A criança-sombra gosta de projetar decepção nos outros quando lhes diz não ou quando age de acordo com os próprios desejos. Por isso essas pessoas dizem muitas vezes sim quando gostariam de dizer não, somente para acalmar a pobre criança-sombra. Isso faz com que fiquem estressadas e mal-humoradas, até mesmo tenham um *burnout*. Mas quem aprende a recusar uma solicitação ocasionalmente ou a não se voluntariar para tarefas indesejadas acaba percebendo, com o tempo, que na maioria das vezes os outros aceitam isso bem. Percebem que seu nível de energia melhora quando assumem maior responsabilidade por seus desejos, o que conduz a um estado de espírito mais leve. E já aprendemos que é nosso dever garantir nosso próprio bom humor, pois assim somos pessoas melhores. Pessoas que não sabem impor limites não se sentem bem em dizer sim nem não.

Anote uma situação na qual você queria dizer não mas disse sim. Escreva argumentos racionais sobre *que direito* a pessoa teria de ficar com raiva caso você tivesse recusado seu pedido. Você também pode escrever argumentos afirmando o contrário: que a pessoa não tinha o direito de ficar com raiva de você.

> Se Miguel disser novamente "Por favor, vá comigo ao aniversário da minha tia, sem você vou me sentir deslocado", eu direi não. Primeiro porque não estou com a menor vontade de ir. E segundo porque a tia dele nem gosta de mim. Miguel, se quiser ir, vá. Ou então nós dois simplesmente não vamos. Somos adultos e não somos obrigados a ir.
>
> Se minha amiga me contar novamente todos os seus rolos e problemas amorosos, direi honestamente que isso me magoa, pois ela só quer falar sobre si e nem me pergunta como estou.

_____

_____

_____

_____

Para sua criança-sombra: diga a si mesmo a palavra "Não" em várias línguas e de várias formas, divertindo-se com as pronúncias.

> Non, chéri; No, sir; Nein...

Discuta e argumente

Pessoas que protegem sua criança-sombra por meio da adequação ao outro e da busca pela harmonia se deixam levar pelos acontecimentos em vez de estabelecer metas e superar obstáculos. É necessário ter uma visão clara para estabelecer objetivos, porém lhes falta tal visão, pois se guiaram a vida toda pelos outros. Uma segunda razão para sua passividade na vida e nos relacionamentos é a aversão a conflitos. Elas vivem na ilusão da criança-sombra de que os relacionamentos se desenrolam livremente em vez de buscar exercer influência ativa sobre eles. Em vez de agir, *reagem*. A hiperadequação as priva de um nível saudável de autodeterminação. Muitas dessas pessoas estão tão acostumadas a se colocar em conformidade com o outro que a mera *ideia* de falar sobre as próprias visões ou necessidades nem lhes passa pela cabeça. Ainda me surpreendo com a falta de ímpeto de algumas pessoas para resistir. A autodeterminação de pessoas avessas a conflitos geralmente leva a uma resistência passiva, podendo gerar ainda afastamento, fuga ou ruptura.

Não apenas elas como muitas outras pessoas associam conflitos às noções de *inferior/superior* e *ganhar/perder*. Sua criança-sombra tem o medo constante de ser colocada em posição inferior. Desenvolva, em vez disso, uma atitude que foque no avanço conjunto das pessoas envolvidas em determinada questão. Se você der razão a alguém que tem razão, você não perdeu, e sim ganhou.

Para este exercício, pense em um conflito latente que você tenha com alguém – seja porque vocês já se estranharam ou porque você nunca teve coragem de confrontá-la.

1. Entre conscientemente no modo criança-sol. Evoque suas novas crenças, seus pontos fortes e seus valores e conecte-se com os sentimentos positivos que surgem em você. Também tente ficar de bom humor. Caso não consiga, entre no modo adulto interior para observar a situação da forma mais despida de emoções possível.
2. Lembre que essa pessoa também carrega uma criança-sombra em si e que vocês estão em pé de igualdade. Analise honestamente esse relacionamento: você se sente inferior a ela? Ou superior? Você às vezes a inveja? Ou a despreza? Identifique se você a percebe de forma distorcida e negativa por motivos que são unicamente seus. Tente reconhecer de modo consciente as parcelas de sua criança-sombra na situação. Fazer novamente o exercício da seção "Diferencie fato de interpretação", nas páginas 86 e 87, pode ajudar.
3. Permaneça no modo criança-sol ou adulto interior e elabore (de preferência por escrito) argumentos a favor do seu ponto de vista. Pense também nos argumentos do outro. Você pode pedir a ajuda de terceiros, se quiser. Quais argumentos eles trazem para ambos os lados? Depois de juntar todos os argumentos, verifique se seu interlocutor está certo. Caso esteja, diga-lhe isso e o conflito estará resolvido. Caso não esteja, siga para o passo 4.
4. Crie ativamente uma situação para falar sobre a questão com essa pessoa. Não espere que isso "simplesmente aconteça". Exponha sua preocupação de forma gentil e apresente seus argumentos.
5. *Ouça atentamente* o que a pessoa tem a dizer sobre a questão. Responda a seus argumentos e leve-os a sério. Lembre-se: não se trata de ganhar ou perder, mas da questão em si. Se a pessoa tiver argumentos melhores que façam sentido para você espontaneamente, diga-lhe simplesmente que ela

tem razão. Você permanece soberano e o problema é resolvido. Caso ela não tenha argumentos melhores que os seus, permaneça em seu ponto de vista, ou, melhor ainda, cheguem a um consenso.

Você não precisa seguir essa ordem de forma rígida. Trata-se de um roteiro de preparação para uma discussão ou conversa necessária.

A propósito: no caso de uma crítica justa a você, a única forma de proceder é reconhecer o erro e prometer melhorar da próxima vez! Assim você age de forma aberta a críticas, com simpatia.

Para sua criança-sombra: imagine-se em uma nave espacial e veja a si próprio e seu interlocutor de longe, lá embaixo, na Terra. Deixe que a luz do sol banhe vocês. Sinta como isso é pequeno em relação aos acontecimentos do mundo e do universo.

Reconheça quando for necessário desistir

Discutir só faz sentido enquanto há alguém disposto a ouvir seus argumentos, o que nem sempre é o caso. Se a pessoa insistir teimosamente em seu direito e/ou se sua argumentação se basear em interpretações e suposições subjetivas, a batalha está perdida. Por isso é importante saber o momento de desistir. Isso significa que você não precisa avaliar somente seus próprios argumentos no tocante a *fato e interpretação*, como já treinamos aqui, mas também os da outra pessoa. Se, por exemplo, alguém criticar você, a crítica deve se basear em comportamentos concretos de sua parte. Se a outra pessoa não conseguir fazer isso, é porque a crítica se baseia na interpretação subjetiva dela e, nesse caso, você não precisa aceitar o que foi dito, pois provavelmente se trata de uma projeção da criança-sombra dela sobre você. Além da falta de argumentos concretos, um interlocutor não reflexivo pode ser reconhecido pela incapacidade de ouvir e reagir a argumentos. Em tais casos, deve-se simplesmente colocar um ponto final na discussão ou vocês acabarão brigando. É crucial, nesse momento, sair do espelho da autoestima. Quando nos perdemos em justificativas com uma pessoa cabeça-dura, geralmente é porque estamos buscando reconhecimento a qualquer custo. Para se proteger de discussões sem sentido, imagine uma parede de vidro imaginária separando vocês e ligue o f***-** para o reconhecimento dela.

Para sua criança-sol: imagine-se vestido com um manto de proteção quente e macio, que envolve e protege você. Com esse manto, você consegue aceitar uma crítica justa sem ficar ofendido e indicar uma crítica injusta com palavras claras. Imagine exatamente como é esse manto e sinta a segurança e a proteção que ele lhe dá.

Agora que já vimos as principais estratégias de reflexão das crianças-sombra ajustadas, passaremos às estratégias das crianças-sombra rebeldes.

Estratégias de reflexão para crianças-sombra rebeldes

Aprenda a se adequar

Pessoas cuja criança-sombra vive com a preocupação constante de perder sua autonomia e sua liberdade costumam se diferenciar de forma muito rígida. Enquanto as ajustadas geralmente permanecem na segunda posição da percepção, ou seja, direcionam empatia demais aos outros, as rebeldes tendem a permanecer na primeira posição da percepção, ou seja, estão muito focadas em si mesmas. Crianças-sombra rebeldes possuem crenças semelhantes às de crianças-sombra ajustadas. Sua autoproteção também se baseia no medo da perda e do fracasso, porém elas lutam contra o medo engajando-se energicamente em si mesmas. Sua criança-sombra também sente profundamente que deve se adequar para satisfazer as expectativas alheias, mas o risco é a perda da liberdade que ela tanto defende. Ela decide, portanto, contar apenas consigo mesma.

Desarme sua resistência

A criança-sombra de pessoas que precisam de muitos limites externos geralmente ficou presa na fase das birras. Reage muito mal às expectativas alheias, pois desencadeiam nela uma sensação imediata de dominação. Em geral, foram crianças muito forçadas a se adequar às expectativas dos pais, o que fez com que sua criança-sombra decidisse nunca mais entrar em situação semelhante de inferioridade e confinamento. Para provar sua autonomia, as crianças-sombra rebeldes *não* fazem justamente o que é esperado delas. Tais pessoas boicotam não só seus relacionamentos, mas também a si mesmas. Quando se negam a satisfazer as exigências de expectativas em sua vida, fazem muitos desvios e paradas desnecessárias. Muitas permanecem em uma profissão abaixo de sua capacidade, pois sua criança-sombra se recusa teimosamente a satisfazer as expectativas dos pais. Muitas também têm medo de compromisso, pois a conexão de um relacionamento amoroso parece muito ameaçadora para sua necessidade de autonomia. Sentem-se na prisão quando estão em um relacionamento e temem por sua liberdade pessoal. Se as ajustadas confiam demais e são ingênuas, as rebeldes, por sua vez, são dominadas por suspeita e desconfiança, sempre esperando o pior das pessoas.

Pense em um relacionamento com alguém em que você exerce resistência frequentemente.

1. Entre no modo criança-sombra e deixe-a falar. Que medos ela tem? O que ela supõe sobre o outro? Ela tem medo de manipulação e cobranças? Quais crenças estão ativas aqui?
2. Coloque-se na perspectiva do outro e sinta como ele vê você. Como você vê a si mesmo pelo olhar do outro?
3. Entre na terceira posição da percepção e observe vocês pelos olhos do adulto interior. Avalie a situação de forma crítica e racional. Dê conselhos a si mesmo sobre como agir de maneira mais construtiva.

1. Quando meu chefe me pede algo, fico logo agressivo e penso: "Será que não faço o suficiente? Pede para os outros, poxa!" Essa é minha criança-sombra, que tem medo de ficar em segundo plano.
2. Meu chefe me passa muitas tarefas pois deve me achar competente. Deve se sentir incompreendido por mim. Se eu fosse ele, ficaria até irritado, porque ele até alivia o meu lado, para falar a verdade. E me motiva.
3. Olhando objetivamente para a situação, espero dos outros todo o tato do mundo, quando na verdade eu mesmo sou meio bronco. Se eu tivesse que aconselhar a mim mesmo, diria: Pense antes de falar. Primeiro avalie se o pedido do seu chefe está correto ou é inadequado e responda de forma gentil. Sempre avalie cada situação. Seria construtivo.

Para sua criança-sombra: fique de pé, contraia todos os músculos do corpo com toda a força possível e diga em voz alta, várias vezes: "Preciso ter controle sobre tudo." Depois se solte, deixe todos os músculos relaxarem, respire fundo com a barriga e diga várias vezes: "Eu posso confiar."

Aprenda a confiar

Crianças-sombra rebeldes sofrem de uma grande necessidade de controle, pois têm muita dificuldade de confiar. O pressuposto para confiar em alguém é confiar inicialmente em si mesmo, pois só assim é possível sentir segurança suficiente para suportar uma eventual decepção. Sem autoconfiança não há confiança nos outros. Cabe aqui se perguntar novamente o que poderia acontecer no pior dos cenários. A desconfiança notória se tornou crônica na sua criança-sombra e não é submetida a uma avaliação crítica pelo seu adulto interior.

Entre completamente no modo criança-sol. Pense em suas novas crenças, seus pontos fortes, recursos e valores. Sinta a força e o suporte que surgem em você. Em seguida, direcione seus pensamentos a uma pessoa da qual você sempre mantém certa distância e sinta (no modo criança-sol) se isso é *realmente* necessário.

Pergunte-se...
- o que pode acontecer no pior dos cenários se você abrir mão do controle e passar a confiar mais,
- se você *realmente* não suportaria uma eventual decepção,
- se há justificativas *racionais* para não confiar nos outros,
- se o outro *realmente* merece sua desconfiança,
- quem é a vítima e quem é o agressor. Será que você está sendo injusto com o outro ao desconfiar dele, tornando-o uma vítima dos medos de sua criança-sombra?

Faça o mesmo com outras pessoas das quais você desconfia. Aprenda a diferenciar quando é necessário desconfiar e quando se trata de uma projeção da sua criança-sombra.

_____
_____
_____
_____
_____

Se eu abrir mão do controle, os outros poderão me dominar por completo. E talvez eles façam coisas que eu não queira. A Selma, por exemplo, poderia mudar toda a decoração da sala. Ou, no caso de um projeto no trabalho, a culpa vai ser minha se algo der errado. Na verdade, o correto seria dizer: eu me sentirei culpado se algo der errado.

Suportar uma decepção? Difícil. Porque eu me sentiria responsável. Então é melhor eu tomar logo as rédeas da situação, aí me sinto bem melhor. Sim, isso é cansativo, admito. Eu sobreviveria se os outros pudessem determinar as coisas às vezes — e se tudo desse errado.

Na verdade, para ser sincero, não tive muitas experiências negativas quando adulto. Uma vez fiquei uma semana doente. Meu colega teve que assumir as funções mais importantes e nada deu errado. Esse medo vem é da infância.

Eu, o agressor? Até hoje me senti mais como a vítima. Mas pode ser, talvez sim. Como puxo para mim todas as funções, nenhum outro colega da equipe pode mostrar seus talentos. Isso não é legal.

Para sua criança-sombra: deite confortavelmente e feche os olhos. Sinta o apoio do chão, sinta como está seguro. Imagine estar sendo banhado pela luz do sol. Inspire e expire devagar e diga a cada expiração: "Eu posso relaxar. Posso ser eu mesmo! Eu confio em mim!"

Treine a empatia

Pessoas que exercem muita resistência costumam ficar tão ocupadas em se afirmar que têm dificuldade de sentir empatia, pelo menos quando estão no modo luta e controle. Sua criança-sombra não sabe confiar e projeta superioridade e hostilidade no outro, achando que precisa se defender. Não sobra muito espaço para os sentimentos do "inimigo", que não raro é o próprio marido ou a esposa.

Proponha-se, hoje ou amanhã, a lidar de forma plenamente empática com todas as pessoas que encontrar. Você pode assegurar à sua criança-sombra que vocês são grandes e que o mundo lá fora não é papai e mamãe. Assegure-lhe que vocês são livres e que podem moldar seus relacionamentos ativamente.

Em seguida, entre no modo criança-sol com todos os seus sentidos e evoque suas crenças positivas. Pense também em seus pontos fortes e recursos e sinta a segurança e a força que surgem em você. Essa segurança lhe permitirá se colocar no lugar do outro mais facilmente.

No fim do dia, anote as experiências feitas.

_____

_____

_____

_____

_____

_____

_____

Hoje briguei novamente com a Selma porque ela acha que eu a abraço muito pouco. Dessa vez fiquei calmo. Ouvi suas críticas enquanto ela dizia ter a sensação de que eu não a vejo. Ela acha que não enxergo suas necessidades, etc. Pela primeira vez, percebi que ela estava relatando um sofrimento — e que sua crítica a mim é somente a máscara desse sofrimento. Mesmo assim, foi difícil ficar calmo, porque percebi como ela me põe para baixo quando fica com raiva de mim, e acabo me sentindo fracassado e culpado. Mas aí entrei na minha criança-sol. Me concentrei no fato de que estou bem, mesmo que me distancie às vezes. Então me coloquei de fora e visualizei uma imagem: estou em uma floresta e a natureza e eu somos um. Depois disso, consegui entrar novamente no modo criança-sol, me senti fortalecido e consegui conversar calmamente — e também abraçá-la. Foi totalmente diferente, apesar de eu ter dito claramente que achava que ela estava confundindo um pouco as coisas. Falei que ela desconta em mim seu medo de não ser amada, sem refletir se isso realmente é verdade. Ela começou a refletir e falou que, quando criança, ansiava o tempo todo pela sensação de proteção e que agora, adulta, acaba ficando desesperada novamente, de forma infantil. Mas ela conseguiu sorrir e nos sentimos muito próximos.

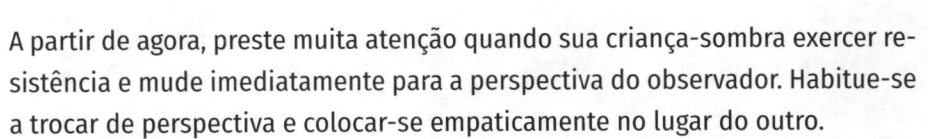

A partir de agora, preste muita atenção quando sua criança-sombra exercer resistência e mude imediatamente para a perspectiva do observador. Habitue-se a trocar de perspectiva e colocar-se empaticamente no lugar do outro.

Para sua criança-sol: perceba como sua pessoa favorita se sente quando você tem mais empatia com ela.

Escute de verdade!

Uma das maiores virtudes que existem é a capacidade de realmente ouvir. A escuta é a ponte para a empatia, embora seja algo difícil para muitas pessoas. Elas rapidamente se perdem nos próprios pensamentos e se voltam para si. Para ser receptivo, é preciso deixar as preocupações e os pensamentos de lado por um momento. Imagine trancá-los em uma caixa-forte momentaneamente; como você tem a chave, pode abri-la novamente a hora que quiser. O foco em seu interlocutor pode levar a um afastamento positivo de si, criando certa distância de seus próprios problemas.

Escutar o outro atentamente exige uma postura interna que pode ser treinada quando você *realmente* se interessa pelo que é dito.

Concentre toda a sua atenção em seu interlocutor e tome bastante cuidado para não fazer interpretações errôneas. Para evitar isso, você pode resumir o que ouviu, expondo o que entendeu, perguntando "Você quer dizer que...?" ou "Eu entendi certo?". Assim seu interlocutor terá a chance de corrigir você caso tenha entendido algo errado.

Proponha-se, hoje ou amanhã, a escutar com plena atenção todas as pessoas que encontrar. No fim do dia, anote as experiências feitas.

_____

_____

_____

_____

Para sua criança-sombra:

"Ouvir mais do que falar — isso é o que a natureza nos ensina: ela nos deu dois ouvidos, mas somente uma boca."
Gottfried Keller

Treine a boa vontade e elogie o outro como elogiaria a si mesmo

A boa vontade é a essência das conexões humanas, mas ter boa vontade não é fácil para a criança-sombra, pois ela não se enxerga em pé de igualdade com o outro; ela se sente inferior. Infelizmente, a criança-sombra tende a ser muito desconfiada, mesquinha e invejosa. O adulto correspondente é rigoroso consigo mesmo e com seus pares. O problema é que esse olhar pessimista e crítico dos outros, que corresponde ao julgamento da criança-sombra, não é mais realista que um olhar benevolente. De acordo com minha experiência, muita injustiça é cometida por falta de boa vontade. As piores distorções da realidade, que ameaçam a vida em sociedade, surgem do excesso de medo e desconfiança, e não de um excesso de benevolência. Saber se colocar no modo criança-sol ou, pelo menos, no modo adulto interior beneficiaria muito a sociedade. Ou seja: cuide de si e cultive boas vibrações, e automaticamente você perceberá os outros com mais benevolência. Uma reciprocidade positiva surgirá dessa dinâmica: quanto mais boa vontade tenho, mais simpático e benevolente serei com aqueles que cruzam meu caminho.

1. Acione sua criança-sol conforme aprendemos.
2. Pense em alguém que fez um comentário ofensivo a você e observe-o com boa vontade:
   - Quais preocupações e medos turvam os pensamentos dessa pessoa?
   - Por que ela fez o comentário em questão?
   - Você contribuiu para isso de alguma maneira?
   - Será que na verdade ela queria dizer outra coisa?
3. Verifique sua interpretação do comentário feito, analisando-a à luz da criança-sombra.

_____

_____

_____

_____

Meu amigo me disse hoje que eu deveria ligar para ele mais vezes. Eu perdi a cabeça na hora, me senti mal e incapaz – pois ele tem razão. Ao mesmo tempo, fiquei com raiva por ter sido criticado.

Se eu sair do modo criança-sombra e observar a situação pelo olhar da criança-sol, me dou conta do seguinte:

- A observação do meu amigo pode ter significado o seguinte: "Eu gostaria de conversar com você mais vezes, mas você raramente me liga."
- Pode ser que ele também esteja com a consciência pesada e tenha transferido o problema para mim em vez de ser honesto consigo mesmo.
- Eu mesmo sempre reclamo que nunca vejo meus amigos. E é verdade. Isso só vai mudar se eu tomar uma atitude. Eu poderia reunir meus amigos de vez em quando.
- Meu amigo e eu nos conhecemos e nos damos bem há 15 anos. Não há nenhuma razão para ele ser desagradável comigo do nada. É muito mais provável que ele simplesmente tenha sem querer cutucado minha ferida: o medo da minha criança-sombra de não ser boa o suficiente.

Para sua criança-sombra: cante várias vezes: "Oba, oba, oba, eu amo todas as pessoas!"

A boa vontade pressupõe também que eu *elogie* os outros às vezes. Isso é especialmente difícil para as crianças-sombra rebeldes, que buscam a diferenciação com muita intensidade. Comece elogiando a si próprio.

1. Faça uma lista das coisas que você faz muito bem ou das quais você tenha orgulho e pelas quais possa elogiar a si mesmo. Encontre pelo menos sete coisas.

___

2. Treine também a *gratidão*. O que lhe traz gratidão na vida? Seja grato pela água e pela energia que estão à sua disposição diariamente, bem como pelo seu acesso a serviços de saúde. São coisas que geralmente não valorizamos e com as quais muitas pessoas sonham no mundo. Encontre pelo menos sete razões para ser grato.

___

3. Proponha-se a elogiar outras pessoas hoje. Elogie seu parceiro, seus filhos, colegas de trabalho, amigos ou simplesmente pessoas que cruzarem seu caminho. À noite, anote as experiências feitas.

___

Para sua criança-sombra: fique de pé, dê tapinhas nos ombros com os braços cruzados e diga:
- Já fiz tantas coisas boas!
- Tenho tantas realizações!
- Pode falar: Sou incrível!
- Não sou pouca coisa, sou um espetáculo!
- Cada um é perfeito do seu jeito!
- Agora tudo de novo!

Diga sim!

Crianças-sombra rebeldes geralmente não conseguem dizer não. Elas podem até ficar com a consciência pesada, como as crianças-sombra ajustadas, mas prezam mesmo a liberdade. Desejam ter sempre o controle da situação nas conversas, no planejamento das atividades, no trabalho – em todas as áreas da vida, na verdade. Chegar a um consenso ou simplesmente a um ponto em comum com elas é difícil, pois adoram argumentar e tornam a conversa e a relação com elas muito cansativas. Em vez de sim, costumam dizer "Sim, mas..." e bloqueiam o progresso comum. Sua criança-sombra tem tanto medo de acabar em uma posição de inferioridade e ser manipulada que só pensa em vencer e ter razão.

Proponha-se, durante um dia inteiro, a prestar atenção com plena consciência em quais situações e com quais interlocutores você rapidamente fica resistente e faz objeções. Investigue possíveis motivos profundos e os medos de sua criança-sombra. Pergunte a si mesmo: Minha objeção *realmente* tem a ver com a questão ou tem como objetivo provar que sou superior ou que tenho razão? À noite, faça uma breve avaliação por escrito de suas autorreflexões.

_____

_____

_____

_____

No dia seguinte, dê mais um passo: tente, conscientemente, esforçar-se para obter consenso e concordância. Não se pergunte coisas como "Em que divergimos?" ou "Como posso me afirmar?", mas sim "O que nos conecta?", "Com que posso concordar?". À noite, anote suas experiências com palavras-chave.

_____

_____

_____

_____

_____

> O exercício foi interessante. Eu não tinha percebido, por causa do meu ego, que minha equipe sabe unir esforços para fazer o trabalho. Quando erros são cometidos ou as coisas ficam difíceis, nós nos ajudamos. Rimos juntos e nos complementamos bem em termos de conhecimento. Temos muito em comum!

Para sua criança-sol: fique de pé, estique os braços e diga:
- Sim, esta vida é para mim!
- Sim, eu gosto de viver!
- Sim, quero me entender com você!
- Eu me abro para o *Sim*!

Encontre suas estratégias de reflexão pessoais

Você já recebeu muitas informações sobre como treinar seu comportamento concretamente. Nem todas as estratégias de reflexão mencionadas serão relevantes para você. Talvez você até já faça muitas das coisas que sugeri.

Escolha as estratégias de reflexão que tenham algum significado para você e anote-as da forma mais concreta possível na região dos pés da criança-sol. Escreva frases completas começando com "Eu" em vez de palavras-chave, pois isso ajuda a colocar em prática os novos padrões de comportamento. Não escreva, por exemplo, "Quero aproveitar a vida", e sim "Caminharei uma hora todos os dias e encerrarei o trabalho às 18 horas", etc.
    Pode ser que lhe tenha ocorrido uma estratégia de reflexão não mencionada, mas que seja importante para você. Nesse caso, anote-a – dê asas à sua criatividade.

    Agora você tem à sua frente a imagem completa de sua criança-sol, uma visão clara da sua jornada pela frente. Pendure-a em um local visível da sua casa e fotografe-a com o celular para tê-la sempre com você. O ideal seria "brincar" com sua criança-sol por cinco minutos toda manhã, para acioná-la conscientemente e levá-la com você em seu dia. Quanto mais consciente de sua criança-sol você se tornar, mais ela será acolhida em você, possibilitando que sua criança-sombra se sinta enfim consolada e relaxe.

Simplesmente viva!

Chegamos ao fim deste caderno de atividades, e espero que você tenha feito muitas descobertas e experiências novas. Nossas principais preocupações estão baseadas na crença em fantasmas. Fantasmas do passado que nos dão medo, nos envergonham e nos aterrorizam. Se conseguir banir seu medo de fantasmas e, em vez disso, perceber a realidade, você se livrará de inseguranças desnecessárias e poderá resolver (quase) todos os problemas que aparecerem. Sua criança-sombra é uma coitadinha que não lhe quer mal, mas está obcecada pela crença nos fantasmas, e você, o adulto bom e benevolente, pode curá-la. Quanto mais você conseguir fazer isso, mais claras serão suas percepções e sua consciência sobre a realidade como se apresenta *de fato*.

Eu acredito pessoalmente que só temos esta vida e que ela deve ser vivida, todos os dias, em sua plenitude. Por isso, meu conselho é: não estrague tudo ficando à mercê das projeções. Assuma a responsabilidade por sua percepção, seus sentimentos, pensamentos e ações. Não espere que algo aconteça para libertar você. Não espere o reconhecimento de pessoas que não podem fazê-lo por estarem presas nas próprias sombras. Proponha-se a participar da vida todos os dias e moldá-la ativamente. Não deixe a vida simplesmente acontecer, permita-se ter visões e metas e lutar por elas. Cada passo em sua jornada pessoal é correto, mesmo que você se engane, cometa erros ou até mesmo fracasse. Tudo bem cair, o problema é permanecer no chão. Levante-se e siga em frente – nossas mágoas nos tornam mais fortes. Nossas maiores evoluções vêm de nossas crises pessoais. Decida-se por simplesmente viver a vida. Quando escolhe a vida, você escolhe que nem sempre tudo sairá como planejado, porque as coisas realmente nem sempre saem como planejado. Altos e baixos são igualmente parte da vida. Quando lutamos bravamente e sofremos duros golpes, é aí que nos orgulhamos de nós mesmos, pois deu tudo certo no final. Ter tido uma infância fácil ou difícil não é determinante para trilhar seu caminho com sucesso. Se você conseguir ficar de olho na criança-sombra, não acreditará mais em mensagens falsas e terá um caminho livre pela frente. Tenha coragem e dê um passo após outro. E nunca se esqueça de ter alegria e se divertir durante a trajetória. Meu querido pai, já falecido, sempre dizia: "A quem serve uma vida triste?" É verdade. Enquanto conseguirmos ficar relativamente bem e não formos afetados por guerras e catástrofes, devemos aproveitar a vida. Também não se esqueça de cuidar dos outros e de compartilhar o que você tem de bom. Boas ações e generosidade trazem mais felicidade que ganância e covardia.

Por fim, (quase) tudo está em suas mãos: você tem toda a liberdade para moldar sua vida como desejar, mas também a responsabilidade por isso. Você pode tomar decisões livremente! Você pode ser você mesmo! E você pode ter uma vida boa!

Desejo-lhe tudo de bom e muitas alegrias em sua jornada pessoal.

Steffi Stahl

Criança-sombra

Criança-sol

CONHEÇA ALGUNS DESTAQUES DE NOSSO CATÁLOGO

- Augusto Cury: Você é insubstituível (2,8 milhões de livros vendidos), Nunca desista de seus sonhos (2,7 milhões de livros vendidos) e O médico da emoção

- Dale Carnegie: Como fazer amigos e influenciar pessoas (16 milhões de livros vendidos) e Como evitar preocupações e começar a viver

- Brené Brown: A coragem de ser imperfeito – Como aceitar a própria vulnerabilidade e vencer a vergonha (600 mil livros vendidos)

- T. Harv Eker: Os segredos da mente milionária (2 milhões de livros vendidos)

- Gustavo Cerbasi: Casais inteligentes enriquecem juntos (1,2 milhão de livros vendidos) e Como organizar sua vida financeira

- Greg McKeown: Essencialismo – A disciplinada busca por menos (400 mil livros vendidos) e Sem esforço – Torne mais fácil o que é mais importante

- Haemin Sunim: As coisas que você só vê quando desacelera (450 mil livros vendidos) e Amor pelas coisas imperfeitas

- Ana Claudia Quintana Arantes: A morte é um dia que vale a pena viver (400 mil livros vendidos) e Pra vida toda valer a pena viver

- Ichiro Kishimi e Fumitake Koga: A coragem de não agradar – Como se libertar da opinião dos outros (200 mil livros vendidos)

- Simon Sinek: Comece pelo porquê (200 mil livros vendidos) e O jogo infinito

- Robert B. Cialdini: As armas da persuasão (350 mil livros vendidos)

- Eckhart Tolle: O poder do agora (1,2 milhão de livros vendidos)

- Edith Eva Eger: A bailarina de Auschwitz (600 mil livros vendidos)

- Cristina Núñez Pereira e Rafael R. Valcárcel: Emocionário – Um guia lúdico para lidar com as emoções (800 mil livros vendidos)

- Nizan Guanaes e Arthur Guerra: Você aguenta ser feliz? – Como cuidar da saúde mental e física para ter qualidade de vida

- Suhas Kshirsagar: Mude seus horários, mude sua vida – Como usar o relógio biológico para perder peso, reduzir o estresse e ter mais saúde e energia

sextante.com.br